Allen D. Bragdon / David Gamon

Linkshirn-Genie

Ebenso wie die Beine Muskeln zum Laufen
haben, hat das Gehirn Muskeln zum Denken

J.O. De La Mettrie: *L' Homme machine*, 1748

Trainiere es oder du verlierst es.
(Use it or lose it.)

Tallulah Bankhead, Schauspielerin, circa 1950
(Anmerkung: Bezog sich vielleicht auf andere,
aber ebenso angenehme Körperfunktionen)

Allen D. Bragdon / David Gamon

Linkshirn-Genie

Wie Sie Gedächtnis und
logische Intelligenz steigern – und
auch noch Ihre Laune verbessern!

Aus dem Amerikanischen übersetzt
von Sabine Gebhardt-Herzberg

Die Deutsche Bibliothek – CIP-Einheitsaufnahme

Bragdon, Allen:
Linkshirn-Genie : wie Sie Gedächtnis und logische Intelligenz steigern –
und auch noch Ihre Laune verbessern! / Allen Bragdon / David Gamon.
Aus dem Amerik. übers. von Sabine Gebhardt-Herzberg. – Landsberg;
München : mvg, 2002
(Train your Brain)
Einheitssacht. : Building Left-Brain Power <dt.>
ISBN 3-478-73300-6

Titel der amerikanischen Originalausgabe: „Building Left-Brain Power"
Aus dem Amerianischen übersetzt von Sabine Gebhardt-Herzberg.

Umschlaggestaltung: Vierthaler & Braun, München
Satz: Fotosatz H. Buck, Kumhausen
Druck- und Bindearbeiten: Himmer GmbH, Augsburg
Printed in Germany 73300/010201
ISBN 4-478-73300-6

INHALTSVERZEICHNIS

WAS LEISTET IHRE LINKE HEMISPHÄRE?

Dieses Buch fasst Untersuchungsergebnisse aus der aktuellen Hirnforschung zusammen, die Sie im Alltag anwenden können. Die interaktiven Übungen bieten Ihnen die Möglichkeit, diese Forschungsergebnisse in die Praxis umzusetzen und gleichzeitig die jeweiligen von der linken Hemisphäre gesteuerten Fähigkeiten gezielt zu stimulieren und weiterzuentwickeln. Die Erfindung neuer Techniken zur Erforschung der Hirnfunktionen hat zu einer Flut von Untersuchungen über die Prozesse, die beim Lernen im Gehirn ablaufen, geführt. Diese Untersuchungen haben den Beweis dafür erbracht, dass eine Zeit lang ungenutzte Hirnzellen durch entsprechend stimulierendes Training reaktiviert werden können.

Die Aufgabe der linken Hemisphäre besteht darin, neu eingehende Informationen und bereits vorhandene Daten einander gegenüberzustellen.

Zudem fügt die linke Hirnhälfte abstrakte Symbole zu Mustern zusammen, die ein Bild der Realität ergeben, was dem Gehirn die Fähigkeit zur Vorausplanung verleiht. Dadurch sind wir in der Lage, bestimmte Töne und spezifische Kennzeichen miteinander zu verbinden und auf diese Weise Ereignisse zu beschreiben, die sich zu einer anderen Zeit an einem anderen Ort abspielten. („Sprache spart Zeit. Jetzt kann ich über den Berg gehen und dem anderen Stamm sagen: ‚Gestern große Flut. Viele Fische.‘ Andernfalls müsste ich sämtliche Stammesmitglieder auf meine Seite des Berges mitnehmen und ihnen das Gewimmel der Fische zeigen.")

Und das Beste daran ist: **Ihre linke Gehirnhälfte LIEBT ihre Arbeit!**

Anfang der sechziger Jahre setzte ein Forschungsteam der University of California in Berkeley unter der Leitung von Mark Rosenzweig und Marion Diamond einige sehr junge, genetisch identische Versuchsmäuse aus ihren komfortablen Käfigen in wesentlich größere bequeme Käfige um. Andere gleichaltrige Mäuse ließen sie in ihren kleineren Käfigen. Alle paar Tage gaben sie ein neues kleines Trainingsgerät für Mäuse in die größeren

Käfige – Laufräder, Tunnels, Rampen zum Klettern und dergleichen. Beide Mäusegruppen hatten ein großartiges Leben – mit einer Menge Futter, Wasser und sauberen Käfigen. Aber die Gruppe mit der „bereicherten Umgebung", die täglich eine Menge neuer Geräte zum Ausprobieren und Spielen bekam, experimentierte ständig und war dauernd in Aktion.

Nach einigen Wochen, als die Mäuse den Zeitpunkt ihrer Pubertät erreicht hatten, wurden die Gehirne aller Mäuse in beiden Käfigen gemessen, gewogen und miteinander verglichen. Ihrer Voraussage entsprechend fanden Rosenzweig und Diamond heraus, dass die Gehirne der Mäuse, die ständig neu stimuliert worden waren, schwerer waren und mehr Vernetzungen und höhere Konzentrationen an Neurotransmittern zur Stimulierung beziehungsweise Hemmung der zerebralen Aktivität entwickelt hatten. Die Tiere hatten sich die ganze Zeit mit ihren Trainingsgeräten beschäftigt und ständig neue Verwendungsmethoden erfunden. Diese geistige Aktivität stimulierte das Wachstum neuer Gehirnzellen und veranlasste die Mäuse zudem zu vermehrter körperlicher Aktivität, die ebenfalls das Wachstum des Gehirns fördert.

Weiterhin bestätigten das Forscherteam der University of California und später eine Forschergruppe der University of Illinois, dass die Gehirne geistig aktiver Mäuse nicht nur ein dichteres Netz von Neuronen entwickelten, sondern auch weniger Zeit zur Lösung von Problemen – beispielsweise zum Finden des Weges durch ein Labyrinth – benötigten. Es handelte sich hierbei natürlich nur um Mäuse, aber es ist erstaunlich, wie wenig sich die menschliche DNS von der einer Maus unterscheidet.

**Falsche Vorstellungen über das Gehirn werden
von der Forschung widerlegt.**

Bis vor kürzester Zeit noch war es ein allgemein anerkanntes Dogma der Gehirnforschung, dass sich die Anzahl unserer Hirnzellen (oder *Neuronen*) langsam, aber sicher verringert. Ferner dachte man, dass anstelle der alten keine neuen Hirnzellen nachwüchsen, da sich die in unserem Hirn und in unserer Wirbelsäule befindlichen Nervenzellen nicht neu bilden könnten. Die aktuelle Forschung erbringt jedoch eindeutige Beweise dafür, dass so genannte Stammzellen im menschlichen Gehirn *sehr wohl* in der Lage sind, neue Neuronen zu entwickeln, und dass relativ wenig genutzte Neuronen ihre „Arme" (die so genannten *Axone* und *Dendriten*) wachsen lassen können, um Reize von anderen Neuronen zu empfangen und an diese weiterzuleiten.

Selbst die weit verbreitete Ansicht, dass wir lediglich einen winzigen Teil unseres Gehirns benützten, ist nie durch Fakten untermauert worden. Es ist ein Rätsel, wie sich diese Vorstellung überhaupt allgemein etablieren konnte. Wie der Neurologe Oliver Sacks aufzeigt, ist das Gehirn ein Organ, das eine Menge Energie und sehr viel Blut benötigt. Unser Körper kann sich den Luxus einfach nicht leisten, dass große ungenutzte Teile irgendeines Organs dem Organismus ständig Energie in Form der im Blut lediglich begrenzt vorrätigen Nährstoffe entziehen. Werden Neuronen, die einem bestimmten Zweck dienen, nicht benützt, verkümmern sie entweder oder wechseln ihre Funktion.

In all diesen Diskussionen darüber, welches natürliche menschliche Anlagen sind und was durch Erziehung und Übung erworben ist, hat sich hartnäckig die Vorstellung gehalten, dass die Intelligenz angeboren und unveränderlich sei. Wenn wir dies tatsächlich glauben, käme es nicht darauf an, was wir mit dem Gehirn, mit dem wir geboren werden, machen, denn nichts kann (gemäß dem Volksglauben) die naturgegebenen Fähigkeiten und Grenzen ändern, die durch unsere Gene festgeschrieben werden. Aber es *kommt sehr wohl darauf an*. Jedermann weiß, dass das Gehirn lernfähig ist. Das Gute daran ist, dass wir unsere Fähigkeit trainieren können, die zu lernenden Fakten zu ordnen, zu interpretieren und zu benützen.

Brachliegende geistige Fähigkeiten können durch Benutzung wiedergewonnen werden.

Überholte Vorstellungen haben dazu beigetragen, dass wir unserem Gehirn gegenüber eine selbstgefällige Haltung einnehmen. Wir verwenden enorm viel Geld und Zeit darauf, unseren Körper in Form zu halten – aber wie viel Zeit investieren wir in unsere geistige Fitness?

Die oben beschriebenen Versuchsmäuse in der „bereicherten Umgebung" hatten 4000 neue Neuronen im Hippocampus entwickelt, im Verhältnis zu 2400 neu herausgebildeten Neuronen in der Kontrollgruppe von Tieren ohne Trainingsgeräte. Dies fügt sich gut in die aktuelle Forschung, die ergeben hat, dass ein junges Gehirn auf eine umfangreiche „Datenbank" von Neuronen zurückgreifen kann, um das Bedürfnis nach dem Erwerb neuer Fertigkeiten zu erfüllen. Überraschend für die Wissenschaftler war, dass sich dieselben Resultate ergaben, wenn *alte* Mäuse (drei Jahre ist ein hohes Alter für eine Maus) aus einer reizlosen Umgebung, in der sie ihr ganzes Leben verbracht hatten, in eine „bereicherte Umgebung" umgesetzt wurden. Die Größe und Leistungsfähigkeit ihrer Gehirne nahmen schnell zu, so wie die Muskeln alter Menschen, die zu trainieren beginnen, erstaunlich rasch wachsen.

Derartige wissenschaftliche Forschungsergebnisse sind in Fachkreisen seit vielen Jahren bekannt, doch sind sehr wenige Laien mit ihnen vertraut. Diese Resultate lassen einen sehr interessanten Schluss zu. Unter Umständen sind wir die ganze Zeit dadurch in die Irre geführt worden, dass wir uns auf die *Anzahl* der Neuronen unseres Gehirns konzentriert haben. Möglicherweise ist die *Qualität* unserer Gehirnzellen wichtiger als ihre *Quantität*. Einfach ausgedrückt zeichnet sich eine qualitativ bessere Gehirnzelle durch ein ausgedehnteres Netz von Dendriten aus, die den Kontakt mit anderen Gehirnzellen ermöglichen. Die Arbeit von Diamond und Rosenzweig zeigt, dass stimulierendes geistiges Training und sozialer Kontakt sogar älteren Mäusen zur Entwicklung eines größeren, leistungsfähigeren Gehirns verhelfen können, indem die Qualität der Gehirnzellen verbessert wird, selbst wenn ihre Anzahl nicht zunimmt.

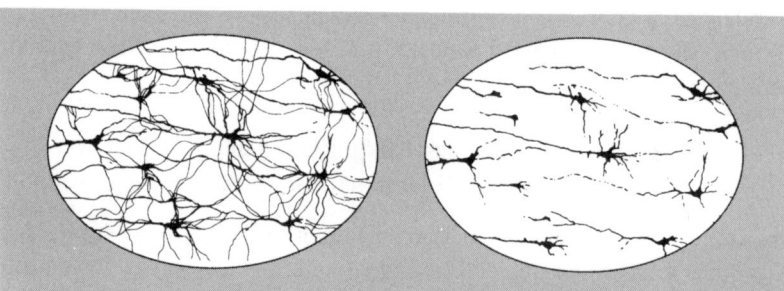

Aktive Gehirnzellen, wie sie in der linken Abbildung zu sehen sind, entwickeln größere Netzwerke von miteinander verbundenen Dendriten und Axonen als die in der rechten Abbildung gezeigten brachliegenden Neuronen. Werden brachliegende Gehirnzellen stimuliert, bilden sie „Verzweigungen" heraus, um komplexe geistige Prozesse erfolgreich zu bewältigen.

Neuere Untersuchungen haben ergeben, dass eine verbesserte Qualität der Neuronen möglicherweise nicht die einzige Ursache für das Wachsen und die Erhöhung der Leistungsfähigkeit des Gehirns in einem späten Lebensstadium ist. Zwei im März 1999 unabhängig voneinander durchgeführte Forschungsprojekte – eines vom Salk Institute in San Diego und eines von der Princeton University – erbringen neue Beweise für die Feststellung, dass erwachsene Tiere tatsächlich neue Hirnzellen entwickeln. (Der Forscher Joseph Altman lieferte vor dreißig Jahren bereits Beweise dafür, aber die meisten Wissenschaftler verwarfen seine Untersuchungsergebnisse ganz einfach.) Noch interessanter sind die Wachstum fördernden Faktoren, die aus diesen Studien ersichtlich sind. Die Untersuchung des Salk Institutes ergab, dass Mäuse, die regelmäßig in einem Laufrad trainieren, doppelt so viele neue Gehirnzellen entwickeln wie andere Mäuse. Die neuen Zellen bildeten sich im Hippocampus, einem für das Erinnerungsvermögen und das Lernen verantwortlichen Teil des Gehirns. In der von der Psychologin Elizabeth Gould geleiteten Untersuchung der Princeton University war der offensichtliche Grund für die Vermehrung der Hirnzellen um das Doppelte *geistiges* Training. Ihre Studie lieferte den Beweis dafür, dass anspruchvolle geistige Aufgaben nicht nur die Produktion neuer Gehirnzellen im Hippocampus ankurbeln, sondern auch zur Erhaltung bereits vorhandener Zellen beitragen.

Lassen sich diese an Versuchsmäusen gewonnenen Erkenntnisse auf uns anwenden?

Ein schwedisch-amerikanisches Forschungsteam unter der Leitung von Fred Gage vom Salk Institute fand heraus, dass das Gehirn erwachsener Menschen das ganze Leben lang neue Neuronen entwickeln kann und auch produziert. Das stimmt mit den Ergebnissen einer anderen, kürzlich von Professoren der University of California in Berkeley durchgeführten Studie überein, die zeigt, dass kognitive Fähigkeiten, die gewöhnlicherweise mit dem Alter abnehmen – Planen, Organisieren und das Verwerten von Informationen auf der Grundlage früheren Wissens – bei älteren Professoren, die fortfahren, sich mit anspruchsvollen intellektuellen Aufgaben zu beschäftigen, erhalten bleiben.

Es ist also an der Zeit, die Tatsache zu akzeptieren, dass eine der wesentlichsten Behauptungen der Hirnforschung des zwanzigsten Jahrhunderts – dass das erwachsene Gehirn keine neuen Neuronen herausbilden kann – falsch ist.

Es gibt allgemein verbreitete Missverständnisse in Bezug auf die „gute" rechte und die „schlechte" linke Hemisphäre.

Ende der siebziger Jahre verfasste die Kunstlehrerin Betty Edwards ein sehr populäres Buch mit dem Titel *Garantiert zeichnen lernen. Die rechte Gehirnhälfte aktivieren – Gestaltungskräfte freisetzen*, das sich auf ihre Erfahrungen mit jungen Kunststudenten gründete. Ihre auf der Funktionsweise der rechten Hemisphäre basierende Methode, Motive absolut naturgetreu zu zeichnen, beruhte darauf, zu lernen, die ganze Form zu sehen, anstatt sich auf die einzelnen Elemente zu konzentrieren, und *naturgetreu* wiederzugeben, was man sieht, wobei man die Eigenschaft der linken Hemisphäre außer Acht lässt, ein Objekt auf der Grundlage dessen zu betrachten, was man bereits zuvor gesehen hat. Einer der Kunstgriffe von Frau Edwards bestand darin, ein Foto vor dem Abzeichnen auf den Kopf zu stellen. Dieser Kniff erlaubt der „naturgetreu funktionierenden" rechten Gehirnhälfte des ungeübten Künstlers beispielsweise, eine Brille von der Seite zu sehen, mit ovalen Gläsern, und er hält die linke Hemisphäre davon ab, sie als idealisierte Brille mit runden Gläsern zu „sehen". Viele von derartigen künstlerischen Techniken beeinflusste Menschen kamen zu der Ansicht, dass künstlerisch veranlagte, holistische oder spirituelle Menschen vor allem von der rechten Hemisphäre beeinflusst würden, während Leute, die logisch denken und handeln, praktisch veranlagt oder fantasielos sind, überwiegend unter dem Einfluss der linken Hirnhälfte stünden.

Aber Hirnforscher wiesen darauf hin, dass sich das menschliche Gehirn nicht fein säuberlich – ja, noch nicht einmal grob – in ein derartiges Schema einteilen lässt. Tatsächlich werden manche „typisch männlichen" Fähigkeiten, wie beispielsweise das für das Kartenlesen oder das Konstruieren nötige räumliche Vorstellungsvermögen, mehr von der rechten als von der linken Hirnhälfte gesteuert, während einige „typisch weibliche" Fertigkeiten, wie zum Beispiel sprachliche Fähigkeiten, vor allem von der linken Hemisphäre kontrolliert werden. Musische Fähigkeiten sind über beide Hirnhälften verteilt, wobei die linke Hemisphäre mehr aktiviert wird, wenn diese Fähigkeiten sich verbessern.

Die „glücklichere" Hemisphäre. Aktuelle Untersuchungen zeigen, in welcher Art und Weise die linke beziehungsweise die rechte Hirnhälfte die Stimmung beeinflussen.

Lange Zeit war Neurologen und anderen Ärzten aufgefallen, dass Menschen, die eine Schädigung ihrer rechten Hemisphäre erlitten hatten – sei es durch einen Schlaganfall, einen Tumor oder eine Verletzung –, in der Regel an depressiven Verstimmungen litten. Demzufolge musste irgendetwas in ihrer linken Hirnhälfte zu einer glücklichen, motivierten Lebenseinstellung beitragen. Bereits im Jahr 1982 postulierte Harold Sackheim in seiner Studie – die sich auf Beobachtungen von Patienten mit emotionalen Störungen, die von einer Verletzung oder Erkrankung des Gehirns herrührten, gründete – eine Spezialisierung der rechten Hemisphäre für das Weinen und der linken Hirnhälfte für das Lachen.

Aktuellere Untersuchungen, bei denen Techniken verwendet wurden, die die Hirnfunktionen sichtbar machen, haben sowohl die Rolle bestätigt, die die linke Hemisphäre in Bezug auf positive Emotionen spielt, als auch die Beteiligung der rechten Hirnhälfte beim Zustandekommen negativer Emotionen. PET-Scans zeigen, dass der vordere Bereich der rechten Hemisphäre aktiviert wird, wenn ein Mensch negative Emotionen hat, wie beispielsweise Niedergeschlagenheit, Angst, Abscheu oder Ärger; und viele depressive Patienten weisen übermäßig aktive Regionen im vorderen rechten Bereich ihres Gehirns auf. Bahnbrechende Forschungsergebnisse führender Neurowissenschaftler, einschließlich Drevets und Damasio, zeigen deutlich, dass eine depressive Stimmungslage mit einer *extrem verminderten* Aktivität in den präfrontalen Regionen der linken Hemisphäre einhergeht. Weist dieselbe Region eine *stark erhöhte* Aktivität auf, ist das Resultat eventuell ein extremes Glücksgefühl, unter Umständen sogar eine Manie. Die meisten Menschen verspüren ein Gefühl der Befriedigung, wenn ihre linke Hirnhälfte aktiv ist.

Die beiden Hemisphären beeinflussen sich gegenseitig, wobei die Spezialisierung der jeweiligen Hirnhälfte zur Entwicklung der anderen Hemisphäre beiträgt.

Was geschieht, wenn die rechte und die linke Hirnhälfte nicht mehr miteinander kommunizieren können?

Drastische Einsichten in die Unterschiede zwischen der linken und der rechten Hemisphäre liefern die Untersuchungen von Menschen, bei denen die neuronale Brücke, die die beiden Hirnhälften miteinander verbindet, durchtrennt wurde. Bei dieser Operation wird das Gehirn durch die Durchtrennung des *Corpus callosum*, der Hauptnervenbrücke, die die linke und die rechte Hemisphäre verbindet, in zwei unabhängige Hälften geteilt. Seltsamerweise schien bei den Patienten, die sich einer solchen Operation unterzogen hatten, alles so zu funktionieren wie bei anderen Menschen auch und anscheinend führten sie ein normales Leben – bis man ihr Verhalten genau untersuchte und sie professionellen Tests unterzog. So findet man in der medizinischen Fachliteratur das Beispiel eines Patienten mit einem durchtrennten Corpus callosum, dessen Hände (jede Hand wird von einer anderen Hemisphäre kontrolliert) widerstreitende Bewegungen ausführten, wenn er sich morgens anzog. Während eine Hand versuchte, die Hose anzuziehen, kämpfte die andere darum, sie auszuziehen. Eine andere Patientin wurde dadurch geweckt, dass ihr eine Hand – ihre eigene – ins Gesicht schlug. Die für die Kontrolle dieser Hand zuständige Hemisphäre war aufgewacht, hatte gemerkt, dass die andere Hirnhälfte verschlief, und hatte beschlossen, der Situation abzuhelfen.

Da jede der beiden Hemisphären die Bewegungen und Empfindungen der gegenüberliegende Körperseite kontrolliert, empfängt ein Patient mit einem durchtrennten Corpus callosum, der einen Bleistift außerhalb seines Blickfeldes in seiner *linken* Hand hält, diese Information mittels seiner *rechten* Hirnhälfte. Da die rechte Hemisphäre nicht mit seiner linken kommunizieren kann und die linke Hirnhälfte im Allgemeinen die Sprache kontrolliert, ist er außerstande, Ihnen zu sagen, dass er einen Bleistift in seiner linken Hand hält.

Seine rechte Hemisphäre weiß, dass sich der Bleistift in seiner linken Hand befindet, auch wenn die linke Hirnhälfte es nicht weiß. Wenn Sie ihm dann eine Reihe von Bildern zeigen und ihn bitten, auf das Objekt, das er in der Hand gehalten hat, zu deuten, wird seine *linke* Hand auf ein Bild mit einem Bleistift zeigen. Dies verrät der linken Hemisphäre *bildlich*, wo sich der Bleistift befindet, so dass sie Ihnen in Worten mitteilen kann, was die rechte Hirnhälfte wusste, aber nicht sagen konnte.

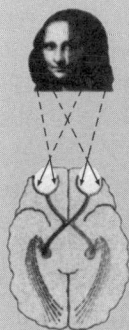

Im Gegensatz zu Ihren Händen und Füßen sind Ihre Augen nicht einfach nur mit der gegenüberliegenden Hemisphäre verbunden. Jedes Auge leitet Informationen an beide Hirnhälften weiter: Die Wahrnehmung von Objekten, die Sie auf der linken Seite Ihres Blickfeldes sehen (links von Ihrer Nase, wenn Sie genau geradeaus blicken), wird zu Ihrer rechten Hemisphäre geleitet, während die rechte Hälfte Ihres Blickfeldes mit Ihrer linken Hirnhälfte verbunden ist. Normalerweise erhalten beide Hemisphären Informationen aus dem gesamten Blickfeld, weil sie ständig miteinander kommunizieren.

Konzentrieren Sie Ihren Blick auf die Nase der rechts abgebildeten doppelgesichtigen Schimäre. Ganz schnell: Welcher Eindruck ist stärker? Frau oder Mann? Wenn es die Frau ist, dominiert Ihre rechte Hemisphäre; ist es der Mann, ist es Ihre linke Hirnhälfte.

Könnten Ihre beiden Hemisphären nicht über Ihren Corpus callosum miteinander kommunizieren, hätte Ihre rechte Hirnhälfte nur die Frau und Ihre linke Hemisphäre nur den Mann gesehen.

Würde man Ihnen anschließend diese beiden Abbildungen der ganzen Gesichter zeigen und Sie *fragen*, welches Bild Sie gerade eben gesehen haben, würden Sie sagen: „Den Mann!" Würde man Sie hingegen bitten, mit Ihrer *linken* Hand auf das zu *deuten*, was Sie gerade eben gesehen haben, würden Sie auf die Frau *deuten*. Und wenn man Sie dann fragen würde, warum Sie auf die Frau zeigen, würde Ihre linke Hirnhälfte eine Entschuldigung fabrizieren, etwa der Art: „Ich wollte eigentlich auf den Mann zeigen, aber irgendwie ist meine Hand abgerutscht."

Obwohl die Übermittlung von Daten über den Corpus callosum von einer Hemisphäre zur anderen praktisch unmittelbar erfolgt, ist sie nicht perfekt. Die Hirnhälfte, die die Information direkt von Ihren Sinnen übermittelt bekommt, ist gegenüber der Hemisphäre, die sie auf indirektem Weg über die Brücke erhält, im Vorteil. Im Rahmen sorgfältig durchgeplanter Versuche fällt es den Probanden leichter, geschriebene Wörter zu lesen, die vor der rechten Seite des Blickfeldes, die direkt mit der linken Hemisphäre verbunden ist, aufblinken. Gesichter hingegen sind einfacher zu erkennen, wenn sie auf der linken Seite des Blickfeldes aufblitzen. In gleicher Weise leitet jedes Ihrer Ohren Informationen an beide Hemisphären, doch sind die Verbindungen, die vom linken Ohr zur rechten Hirnhälfte beziehungsweise vom rechten Ohr zur linken Hemisphäre laufen, intensiver als die zur gleichen Körperhälfte laufenden Verbindungen. Dieser Unterschied ist nur dann von Bedeutung, wenn es darauf ankommt, welche der verschiedenen akustischen Daten die Sprachzentren in Ihrer linken Hirnhälfte erreichen. Wenn Sie zum Beispiel versuchen, in einer lauten Bar einer einzigen Stimme zu lauschen, drehen Sie unter Umständen unbewusst Ihren Kopf so, dass Sie mit dem rechten Ohr zuhören. Sie können jetzt gleich ein einfaches Experiment machen, um die Theorie auf die Probe zu stellen, dass Sie Ihr rechtes Ohr vorziehen, wenn Sie Töne hören wollen, die schwer wahrzunehmen sind. Stellen Sie sich vor, Sie wollen heimlich einer Unterhaltung lauschen, die auf der anderen Seite einer Wand stattfindet. Welches Ohr pressen Sie an die Wand?

Sie merken es vielleicht nicht, aber während Sie sich mit den folgenden Aufgaben beschäftigen, wird sich die Aktivität entweder Ihrer linken oder Ihrer rechten Hemisphäre erhöhen.

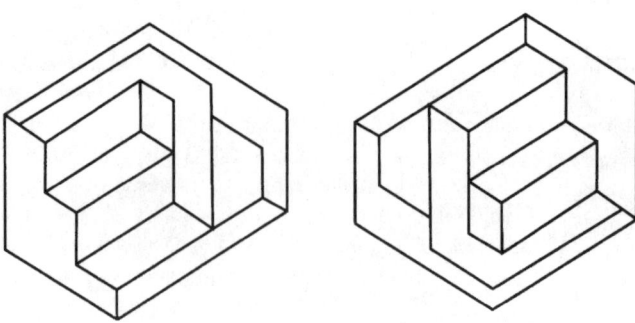

Was ist das Besondere an den abgebildeten Figuren? Diese Art von Aufgaben, bei denen Sie Formen vor Ihrem geistigen Auge drehen oder verändern müssen, ist typisch für Tests zur Bestimmung Ihrer visuellen beziehungsweise räumlichen Intelligenz. Ein Grund dafür, dass solche Denksportaufgaben sich gut dafür eignen, die visuellen Fähigkeiten der rechten Hemisphäre zu isolieren, ist die praktische Unmöglichkeit, sie in Worte zu übertragen.

Werfen Sie nun einen Blick auf die folgenden Wortpaare, ein weiteres Spiel, das Bestandteil einiger Standard-Intelligenztests ist. In diesem Fall besteht der Kniff darin, die gemeinsamen Merkmale der Wörter des jeweiligen Wortpaares zu bestimmen.

Baum – Fliege
Orange – Banane
Glück – Wut
Lob – Strafe
Hammer – Schraubenzieher
Versprechen – Enttäuschung

Es ist klar, dass hier die linke Hemisphäre eingesetzt wird, weil diese Aufgabe auf sprachlichen Fähigkeiten beruht. Die einander entsprechenden Vorstellungen sind nicht sichtbar; die Ähnlichkeiten haben wenig mit der *sichtbaren* Erscheinungsform der Wörter zu tun. Sie sind an Funktionen gebunden oder abstrakt symbolisch, so dass es sehr schwierig wäre, die Gemeinsamkeiten zwischen ihnen anders als mit Worten auszudrücken. Untersuchungen an Patienten, deren Brücke durchtrennt wurde, oder Schlaganfallpatienten sowie PET-Scan-Untersuchungen stützen die These, dass derartige Aufgaben typischerweise die linke Hirnhälfte wesentlich mehr involvieren als die rechte.

Die rechte und die linke Hemisphäre verfügen über jeweils andere Methoden der Problemlösung und arbeiten zu diesem Zweck zusammen, wenngleich eine Hirnhälfte spezialisierter im Hinblick auf eine bestimmte Fähigkeit sein kann.

Damit Sie eine Vorstellung davon gewinnen, welch unterschiedliche Methoden angewandt werden können, um verschiedenartige Resultate zu erzielen, studieren Sie das umseitig stehende Foto. Es ist ein Gemälde aus dem 16. Jahrhundert, angefertigt von dem aus Mailand stammenden Künstler Giuseppe Arcimboldi. Was sehen Sie? Ein Gesicht? Eine Menge Fische? Selbstverständlich können Sie beides sehen und Sie können rasch zwischen beiden Perspektiven hin und herwechseln.

Wenn man Patienten, deren Corpus callosum durchtrennt wurde, dieses Bild vor die (mit der rechten Hemisphäre verbundene) linke Hälfte ihres Gesichtsfeldes hält, sehen sie nur das Gesicht; hält man es vor die (mit der linken Hemisphäre verbundene) rechte Hälfte ihres Gesichtsfeldes, sehen sie nur die Fische.

Wie beim „Wald oder den Bäumen" hängt der Unterschied der Wahrnehmung davon ab, ob die linke oder die rechte Hemisphäre dominiert.

Es ist weniger so, dass eine gut entwickelte linke Hemisphäre der vollen Entwicklung der rechten Hirnhälfte entgegenstünde oder dass die beiden Hemisphären um begrenzte Ressourcen oder die Energieverteilung konkurrieren würden. Sämtliche Fähigkeiten unseres Gehirns sind nützlich und unterstützen sich gegenseitig. Soweit man sie getrennt betrachten kann, verschaffen uns die beiden Hemisphären unterschiedliche Sichtweisen von Problemen und entsprechend andere Lösungswege. Manchmal eignet sich eine lineare, verbale Annäherungsweise, bei der man der Reihe nach vorgeht, am besten; bei anderen Gelegenheiten führt eine auf einer bildlichen Anordnung oder auf visueller Vorstellungskraft beruhende Methode zu optimalen Ergebnissen.

Weshalb lohnt es sich, die typisch menschlichen Fähigkeiten, die von der linken Hemisphäre kontrolliert werden, weiterzuentwickeln?

Kurz gesagt, gibt es drei Gründe: Diese Fähigkeiten erhöhen Ihre Karrierechancen und verbessern Ihre emotionale Verfassung sowie Ihre Lebensqualität in späteren Jahren. Der bekannte Neurowissenschaftler Michael Gazzaniga behauptet sogar, dass „wir aus jahrelanger Untersuchung von Patienten mit einem durchtrennten Corpus callosum die Erkenntnis gewonnen haben, dass die geistige Kapazität der linken Hemisphäre weit größer ist als die der rechten. Die Fähigkeit der rechten Hirnhälfte zur bewussten Wahrnehmung ist begrenzt; in Bezug auf viele Dinge weiß sie herzlich wenig." Die meisten Forscher räumen ein, dass die speziellen Fähigkeiten, die von der linken Hemisphäre kontrolliert werden – analytische Problemlösung, Sprache, rechnerische Fähigkeiten, Logik –, diejenigen sind, die von den meisten Menschen als Beweis von Intelligenz angesehen werden. Tatsächlich definieren sie zum größten Teil, was unser Menschsein ausmacht.

Verletzungen im Bereich der linken Hemisphäre zerstören in der Regel die Sprachfähigkeit, ein Verlust, der sich einfach und in drastischer Form beobachten lässt. Seltsamerweise werden Verletzungen der rechten Hirnhälfte von den Betroffenen meist ignoriert oder heruntergespielt, selbst wenn sie ein irrationales, asoziales Verhalten hervorrufen, das an Monomanie grenzt. Die Hiobsbotschaft für die Männer ist, dass sie im Durchschnitt mehr linksseitige Hirnschläge erleiden als Frauen und länger brauchen, um ihre Sprachfähigkeit danach wiederzugewinnen. Ein Grund für die langsamere Rekonvaleszenz von Männern ist, dass bei ihnen in der Regel die rechte Hemisphäre dominiert und die Fasern des Corpus callosum bei ihnen nicht so dicht sind wie bei Frauen. Daher sind Frauen leichter in der Lage, sprachliche Funktionen von den geschädigten Bereichen ihrer linken Hemisphäre auf die intakte rechte Hirnhälfte zu übertragen.

Von der linken Hemisphäre kontrollierte Fähigkeiten werden im Allgemeinen mit Kompetenz beim Verfolgen beruflich hoch qualifizierter und akademischer Karrieren assoziiert.

Carl Sagan setzte die von der rechten Gehirnhälfte gesteuerten Fähigkeiten des Menschen mit denen gleich, die wir mit den Tieren gemein haben, und die Fähigkeiten, die von der linken Hemisphäre kontrolliert werden, mit solchen, die in der Regel spezifischer für unsere Spezies sind. Unter Umständen ist das einer der Gründe dafür, dass in unserem Erziehungs- und Ausbildungssystem das Hauptgewicht auf von der linken Hirnhälfte dominierte Fachgebiete gelegt wird. Die von der linken Hemisphäre kontrollierten Fähigkeiten sind auch weniger „intuitiv" als die „Krisenmanagement"-Reaktionen auf neue Eindrücke, die die rechte Hirnhälfte auslöst. Aber Ihre linke Hemisphäre setzt alles daran herauszufinden, inwiefern neue Informationen *irgendetwas* mit anderen Informationen gemeinsam haben könnten, die bereits zu sinnvollen Datenfeldern zusammengefügt worden sind. Ihre linke Hemisphäre ist ein gutes „Instrument" zum Erkennen von Trends, für die Lösung algebraischer Probleme und zur Erstellung von schrittweisen Anleitungen für die Montage eines Gartengrills – die Fähigkeiten, die wir erlernen und üben müssen, um Erfolg zu haben.

Das durchschlagende Erfolgserlebnis, das sich einstellt, wenn man plötzlich erkennt, dass „dies ja wie das ist", genießt unter den typisch menschlichen Freuden einen hohen Stellenwert.

Diejenigen, die darüber klagen, dass sie einfach nicht gut in Mathematik oder im Schreiben seien, leiden weniger an einem angeborenen Mangel als vielmehr an einer negativen Einstellung und einer eingeschliffenen Gewohnheit. Der Begriff „Funktionslust" beschreibt die spezielle Art von Befriedigung, die man daraus gewinnt, wenn man etwas tut, worin man gut ist. Für Ihre Hauskatze mag dieses Gefühl bei der Jagd auf Feldmäuse in einer warmen Sommernacht entstehen. Sie mit Ihrem mit zahlreichen verschiedenenartigen Talenten ausgestatteten Gehirn, Ihrem Überfluss an Neuronen und Ihrem Fehlen einer „fest verdrahteten" instinktiven Ausrichtung auf eine spezifische Aufgabe oder eine spezielle Strategie gewinnen diese Befriedigung aus andersartigen, komplexen „Jagdzügen" – bei der Jagd nach einer Antwort auf ein Kreuzworträtsel zum Beispiel. Um das Beste aus Ihren angeborenen geistigen Anlagen zu machen, müssen Sie sie trainieren. Aus diesem Grund enthält dieses Buch eine solch breit gefächerte Auswahl von Übungen, die auf spezifische geistige Fähigkeiten zugeschnitten sind. Unser Ziel ist es, Ihnen zu Erfolgserlebnissen zu verhelfen.

Zum Aufbau dieses Buches

Sie können an jeder beliebigen Stelle in die Lektüre dieses Buches einsteigen. Sie müssen es nicht von Anfang bis zum Ende durchlesen. Jeder Mensch hat eine andere geistige Arbeitsweise; aber den meisten Lesern wird die Lösung der Aufgaben am Anfang des Buches leichter fallen als die der Aufgaben am Ende. Innerhalb der einzelnen Kapitel werden die Übungen stufenweise schwieriger, wie die thermometerähnliche Schwierigkeitsskala oben rechts am Rand der jeweiligen Seite anzeigt.

Eine vielfältige Palette von Übungsaufgaben maximiert die Freude am Erwerben neuer und am Vervollkommnen bereits vorhandener Fähigkeiten.

Die einfacheren Denksportaufgaben stehen am Anfang, weil wir wissen, wie frustrierend es sein kann, eine schwierige Denksportaufgabe in einer ungewohnten Aufgabenstellung vorgesetzt zu bekommen. Unser Ziel ist es, Sie an wenig vertraute Aufgabenfelder heranzuführen und Ihnen ein persönliches Gefühl der Befriedigung zu verschaffen, wenn Sie lernen, die entsprechenden Aufgaben zu meistern. Die linke Hemisphäre zeichnet sich weniger dadurch aus, völlig neue Informationen zu sortieren, als vielmehr durch die schnelle und effiziente Anwendung gut eingeübter, routinierter Verhaltensweisen und Strategien. Doch zunächst einmal müssen Sie die Routine erlernen. (Ein wesentlicher Aspekt dessen, was wir unter „Intelligenz" verstehen, ist nicht mehr als diese Art von durch Übung erworbener Vertrautheit.) Wir haben versucht, das Buch so zu gestalten, dass dieser Lernprozess von einem Höchstmaß an Erfolgserlebnissen und einem Minimum an Frustration begleitet wird.

Die Lösungsanleitungen zu jeder der zehn verschiedenen Aufgaben ermöglichen die Bewältigung neuer Aufgaben.

Am Beginn jedes Kapitels wird erläutert, wie diese spezielle Denksportaufgabe funktioniert, und es werden Lösungsmethoden vorgeführt. In diesen Kapiteleinleitungen erhalten Sie außerdem interessante Informationen über die Regionen Ihres Gehirns, die bei der Bearbeitung der jeweiligen Aufgaben aktiviert werden.

Einige Übungen enthalten Hinweise, nach dem Muster von Kreuzworträtseln. Eine „Starthilfe" unterstützt Sie mit optimalen Strategien, wenn Sie „feststecken". Für eine weitergehende Hilfe sorgt ein kleiner Teil der Lösung als Hinweis. Wir haben diese Hilfestellungen besonders unauffällig gestaltet, indem wir sie auf den Kopf gestellt an den unteren Rand der Seite gesetzt haben. Die Lösungen der Aufgaben finden Sie hinten im Buch.

Einige Kapitel enthalten auch einen Test. Sie können ihn allein lösen oder zusammen mit einer anderen Person, die die Auswertung vornimmt. Bei einigen Tests werden bestimmte Begabungen, bei anderen Wesensmerkmale bestimmt.

In einfacher, verständlicher Sprache wird beschrieben, wie Ihr Gehirn Probleme löst und neue Techniken erlernt.

Der Abschnitt „Wissenswertes", den Sie in fast jeder Aufgabe finden, gibt Ihnen Informationen über die Fähigkeiten der linken Hemisphäre oder die Unterschiede zwischen den beiden Hirnhälften. Häufig stammen diese Informationen aus Berichten über wissenschaftliche Untersuchungen, die wir den am Ende dieses Buches aufgelisteten Fachzeitschriften entnommen haben. Hier haben Sie die Möglichkeit, sich weitergehend zu informieren.

Jeder Mensch ist auf irgendeinem Gebiet unbegabt. Probieren Sie die Übungen aus, die Ihnen den größten Spaß zu versprechen scheinen, aber riskieren Sie auch einen Blick auf die anderen Aufgaben.

Die Gehirne der Menschen sind so unterschiedlich wie ihre Fähigkeiten. Entsprechend werden Ihre Vorlieben für die einzelnen Übungen unterschiedlich verteilt sein. Wir hoffen dennoch, dass Sie von der Gelegenheit Gebrauch machen, einen Blick auf die Gebiete zu werfen, auf denen Sie sich für unbegabt halten. Die breite Palette von Übungen in diesem Buch

ermöglicht es Ihnen, Ihre wertvollen, wenngleich zeitweise brachliegenden Neuronen zu stimulieren.

Wir hoffen, dass Ihre linke Hemisphäre sich mithilfe der verschiedenen
Aufgaben, die wir ihr in den folgenden Seiten stellen, prächtig entfalten
wird. Wenn es Ihnen gelungen ist, eine Übung zu bewältigen, die Ihnen
zunächst zu schwierig erschien, hoffen wir, dass Sie aufgrund dieser Befriedigung, die aus der erfolgreichen Anwendung Ihrer „Denkwerkzeuge"
entsteht, motiviert werden, weitere Aufgaben zu lösen.

ZAHLENRÄTSEL

SIEBEN ZAHLENGITTER

ALLES ÜBER ZAHLENGITTER

1	2		3	4
	5	6		
		7		
8	9			
10			11	

Zahlengitter sind eine Art „Kreuzworträtsel" mit Zahlen anstelle von Wörtern. Als Lösung kommen sämtliche ganzen Zahlen von 1 bis 9 infrage; Bruchzahlen, negative Zahlen und die Null sind nicht erlaubt.

Um Zahlengitter lösen zu können, müssen Sie nicht mehr beherrschen als die Grundregeln der Algebra, aber vielleicht sollten Sie Ihr Gedächtnis im Hinblick auf die Bedeutung einiger Fachbegriffe auffrischen. Das *Quadrat* einer Zahl erhält man, indem man sie mit sich selbst multipliziert. So ist 9 beispielsweise das Quadrat von 3 (3 x 3 = 9). Die *dritte Potenz* einer Zahl errechnen Sie, indem Sie diese Zahl zweimal mit sich selbst malnehmen. 27 ist die dritte Potenz von 3 (3 x 3 x 3 = 27). Die Quadratwurzel (bzw. dritte Wurzel) einer Zahl a ist jene Zahl b, deren Quadrat (bzw. dritte Potenz) die Zahl a ergibt. 3 ist beispielsweise die Quadratwurzel von neun und die dritte Wurzel aus 27.

Die meisten Zahlen sind keine Quadratzahlen oder dritte Potenzen irgendeiner ganzen Zahl. 16 ist ein Quadrat (von 4), 18 ist keines (von keiner ganzen Zahl). 8 ist eine dritte Potenz (von 2), aber kein Quadrat; 9 ist ein Quadrat (von 3), aber keine dritte Potenz. Wenn Sie die einstellige dritte Potenz einer Zahl suchen müssen, wissen Sie beispielsweise, dass es sich nur um 1 oder um 8 handeln kann (1 x 1 x 1 = 1; 2 x 2 x 2 = 8). Werden Sie nach einer zweistelligen dritten Potenz gefragt, könnte die Lösung 27 (3 x 3 x 3 = 27) oder 64 (4 x 4 x 4 = 64) sein. Jede andere dritte Potenz würde eine Zahl mit mehr oder weniger Stellen als zwei ergeben.

Eine *Primzahl* ist (ohne Rest) nur durch sich selbst und durch 1 teilbar. *3 ist eine Primzahl, ebenso 5, 7, 11, 13 etc. 21 ist keine Primzahl, denn 21 ist durch 3 und durch 7 teilbar. Die 1 zählt nicht als Primzahl.*

Aufeinanderfolgende Zahlen sind Zahlen, die innerhalb einer bestimmten Zahlenreihe aufeinander folgen, wobei zumeist nach der nächsthöheren Zahl gefragt wird. In den seltenen Fällen, in denen eine niedrigere Zahl gesucht wird, wird durch den Begriff „niedriger" extra darauf hingewiesen. Beispiel: Aufeinanderfolgende ungerade Ziffern sind 1, 3, 5, 7, 9.

Die *kleinstmögliche* beziehungsweise *größtmögliche Zahl* ist die Zahl, die nicht weniger beziehungsweise nicht mehr Stellen haben kann als die für die Lösung zur Verfügung stehende Anzahl von Kästchen. Das kleinstmögliche zweistellige Quadrat einer Primzahl beispielsweise ist 25 (5 x 5).

Unter einem *Palindrom* versteht man einen Satz, ein Wort oder eine Zahl, die vorwärts wie rückwärts gelesen die gleiche Wort-, Buchstabenbeziehungsweise Ziffernfolge haben. Die Zahlen 33 oder 787 beispielsweise sind Palindrome, ebenso wie der Name „Otto".

Einserzahlen sind Zahlen, die sich ausschließlich aus Einsern zusammensetzen (11, 111 etc.). Die dritte Potenz einer Einserzahl, die in vier Kästchen passt, *muss* 1331 (die dritte Potenz von 11) sein.

Das *Produkt* einer Zahl ist das Ergebnis ihrer Multiplikation mit irgendeiner anderen Zahl. Ein Produkt von 15 ist beispielsweise 45 (15 x 3); ebenso 60, 150 etc.

Wie bei Kreuzworträtseln beginnen Sie mit einfachen Fragen und benützen die Lösungen als Hilfe für die schwierigeren Aufgaben. Wenn Sie sich die Fragen des folgenden Beispielrätsels ansehen, werden Sie feststellen, dass es mehrere Lösungsmöglichkeiten für 1 waagerecht gibt und dass diese Frage deshalb kein guter „Einstieg" in das Rätsel ist.

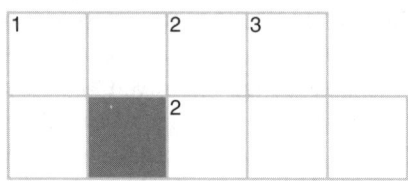

Waagerecht
1. Ein Palindrom
4. Ein Palindrom, dessen erste *Ziffer* die Quadratwurzel der letzten zwei *Ziffern* ist

Senkrecht
1. Eine ungerade vierte Potenz
2. Eine Quadratzahl
3. Die Quersumme der gesuchten Zahl ist 10

Wenn Sie jedoch mit 1 senkrecht anfangen – „Eine ungerade vierte Potenz" –, werden Sie merken, dass nur eine einzige Lösung möglich ist. Es gibt nur zwei zweistellige vierte Potenzen: 16 (2 x 2 x 2 x 2) und 81 (3 x 3 x 3 x 3). Nur die zweite Möglichkeit kommt infrage, weil nach einer *ungeraden* Zahl gefragt wird.

Haben Sie die Lösung für 1 senkrecht gefunden, wissen Sie gleichzeitig die letzte Ziffer der in 1 waagerecht gesuchten Zahl (da es sich um ein Palindrom handelt) und können damit auch die Lösung für 3 senkrecht ermitteln.

Für 2 senkrecht gibt es mehrere mögliche Antworten; aber nur eine davon (25), erfüllt die Vorgaben von 4 waagerecht. Da die in 1 waagerecht gesuchte Zahl ein Palindrom ist, können Sie die letzte Ziffer der gesuchten Zahl einsetzen:

^{1}8	2	^{2}2	^{3}8	
1	■	^{4}5	2	5

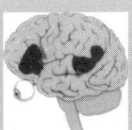

Wissenswertes

Welchen der folgenden zwei Sätze finden Sie leichter zu verstehen? *Der Löwe, den der Zoowärter frei gelassen hatte, fraß den Hund* oder *Der Zoowächter ließ den Löwen frei, der den Hund fraß*? Für Menschen in fast allen Kulturen ist die Struktur des ersten Satzes, in dem ein Konzept in der Mitte des Satzes eingebettet ist, schwieriger zu verstehen und wird in der Regel vermieden. In manchen Sprachen ist diese Struktur auch einfach grammatisch falsch. Eine kürzlich ausgeführte PET-Scan Studie von K. Stromswold und Kollegen zeigte, dass solche Mittelstrukturen zu einem erhöhten Blutzufluss in der linken vorderen Gehirnhälfte führen, was darauf schließen lässt, dass solche Strukturen dem Gedächtnis mehr abverlangen als lineare Sätze.

ZAHLENRÄTSEL 1

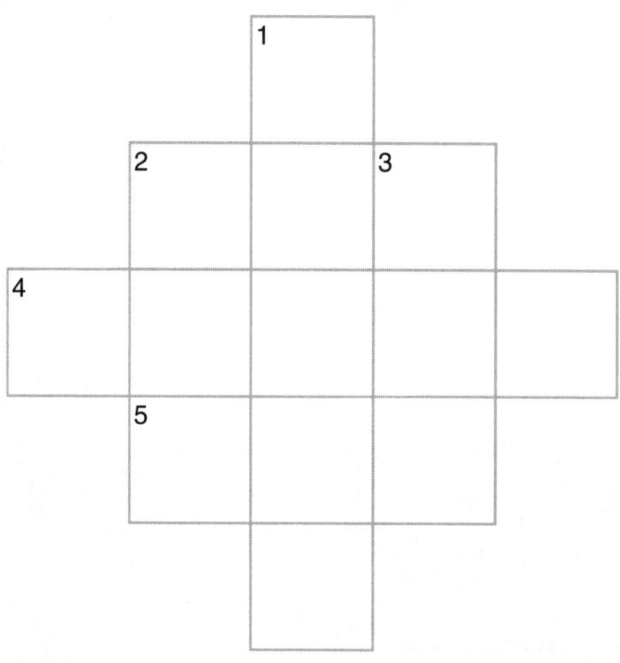

Waagerecht
2. Ein Palindrom, das die dritte Potenz einer einstelligen Primzahl ist
4. Ein Palindrom, das mit 5 beginnt
5. Ein Dutzend mal ein Dutzend

Senkrecht
1. Die vierte Potenz einer Einserzahl, die ein Palindrom ergibt
2. Absteigende Ziffernfolge um jeweils 1
3. Die Quersumme der gesuchten Zahl ist 9

Starthilfe: *Palindrome* sind Zahlen, die vorwärts wie rückwärts gelesen die gleiche Ziffernfolge haben.

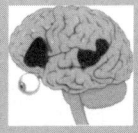

Wissenswertes

Können Sie mithilfe eines Tennisballs die Punktzahl Ihres Eignungs-tests erhöhen? Der kanadische Psychologe Bernard Schiff berichtet, dass Sie die Aktivität Ihrer einen Hemisphäre anregen und somit Ihre Gefühlslage beeinflussen und unter Umständen die speziellen Fähigkei-ten dieser Hirnhälfte zur Problemlösung stimulieren können, indem Sie einen Tennisball mit der auf der gegenüberliegenden Körperseite befindlichen Hand drücken. Wenn Sie also sprachliche oder mathema-tische Aufgaben lösen wollen, drücken Sie den Ball mit Ihrer rechten Hand (wodurch die linke Hemisphäre stimuliert wird).

HILFESTELLUNG: Die in 1 senkrecht gesuchte Zahl ist 14641.

ZAHLENRÄTSEL 2

				1
			2	
		3		
	4			
5				

Waagerecht

2. Die zweite Ziffer der gesuchten Zahl ist die dritte Potenz der ersten Ziffer
3. Das kleinstmögliche dreistellige Quadrat einer geraden Zahl (denken Sie daran, dass die Null ausgeschlossen ist)
4. Die dritte Potenz der Zahl, deren Quadrat in 3 waagerecht gesucht wird
5. Die Quersumme der gesuchten Zahl ist 22

Senkrecht

1. Ein Palindrom, dessen erste beziehungsweise dritte Ziffer den halben Wert der zweiten Ziffer hat
2. Jede Ziffer der gesuchten Zahl hat den halben Wert der entsprechenden ersten vier Ziffern der in 1 senkrecht gesuchten Zahl
3. Die Quersumme der gesuchten Zahl ist 13
4. Das Quadrat einer geraden Zahl und zugleich die vierte Potenz einer anderen geraden Zahl

Starthilfe: Denken Sie daran, dass *Palindrome* Zahlen sind, die vorwärts wie rückwärts gelesen die gleiche Zahlenfolge haben. Ein *Quadrat* erhält man, wenn man eine Zahl mit sich selbst multipliziert. Um die dritte Potenz einer Zahl zu errechnen, muss man eine Zahl mit sich selbst und dann noch einmal mit diesem Produkt malnehmen (die dritte Potenz von 3 beispielsweise ist 27: 3 x 3 x 3 = 27).

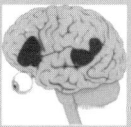

Wissenswertes

Sprachbegabung kann eine Hilfe bei der Lösung von Rechenaufgaben sein, weil die Sprache die Zahlen und Rechenwege bezeichnet. Aber sprachliche und rechnerische Fähigkeiten sind zwei verschiedene Dinge und nicht in derselben Hirnregion lokalisiert. Die Mediziner Stanislaus Dehaene und Lauren Cohen haben Untersuchungen an hirngeschädigten Patienten durchgeführt, von denen einige zählen, aber nicht rechnen konnten, während andere zu rechnen in der Lage waren, aber weder die Zahlen noch den angewandten Rechenweg benennen konnten.

HILFESTELLUNG: Die in 2 senkrecht gesuchte Zahl ist 2424.

ZAHLENRÄTSEL 3

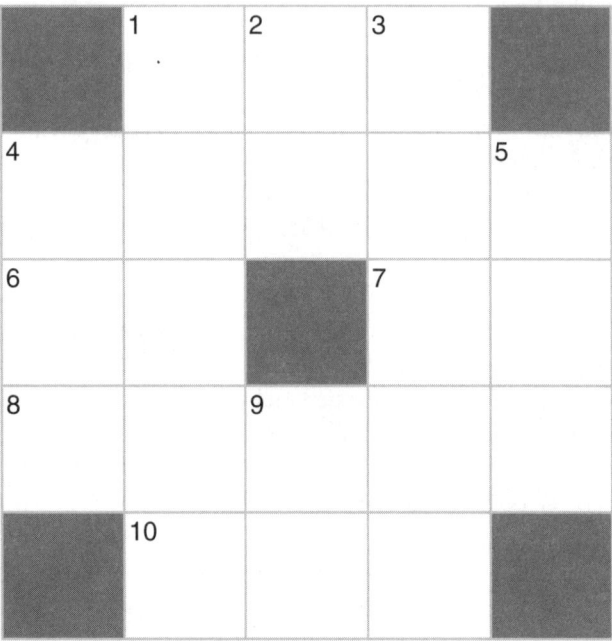

Starthilfe: Ein guter „Einstieg" in dieses Rätsel ist die in 1 waagerecht ge-suchte Zahl. Aus der Information, dass diese Zahl mit einer einstelligen drit-ten Potenz beginnt und dass die zweite und dritte Stelle der gesuchten Zahl das Quadrat der ersten Stelle sind, lässt sich nur eine einzige Lösung ableiten; danach ist es einfach, die in 1, 2 und 3 senkrecht gesuchten Zahlen heraus-zufinden. Denken Sie daran, dass eine *Primzahl* nur durch sich selbst und durch 1 teilbar ist.

Waagerecht

1. Die zweite und dritte Ziffer der gesuchten Zahl sind das Quadrat der ersten Ziffer, die selbst die dritte Potenz einer geraden Zahl ist
4. Die erste und die letzte Ziffer der gesuchten Zahl sind gleich (gerade Zahl)
6. Eine Primzahl
7. Die Quersumme der gesuchten (geraden) Zahl ist 11
8. Die Quersumme der gesuchten (ungeraden) Zahl ist 24
10. Eine ungerade Zahl, deren Ziffern eine absteigende Folge darstellen (jeweils um 3)

Senkrecht

1. Die ersten zwei Ziffern der gesuchten Zahl sind das Quadrat und die letzten drei Ziffern die dritte Potenz einer Zahl, die wiederum eine Quadratzahl ist (ungerade Zahl)
2. Eine gerade Zahl, die sowohl eine Quadratzahl als auch eine dritte Potenz ist
3. Die ersten beiden Ziffern der gesuchten Zahl sind das Quadrat einer Primzahl, die letzten drei Ziffern die dritte Potenz derselben Primzahl
4. Das Quadrat einer geraden Zahl; die Quersumme der gesuchten Zahl ist 9
5. Das Quadrat der in 6 waagerecht gesuchten Zahl; die Quersumme der gesuchten Zahl ist 19
9. Das Quadrat der Zahl, deren dritte Potenz in 4 senkrecht gesucht war; die Quersumme der gesuchten Zahl ist 9

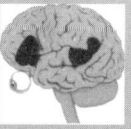

Wissenswertes

In manchen Fällen führen Schädigungen der linken Hemisphäre zur so genannten *Akalkulie*. Akalkulie-Patienten sind unter Umständen in der Lage, einfache Rechenaufgaben zu lösen, aber nur, wenn es sich um einen auswendig gelernten Rechenweg handelt (zum Beispiel 2 x 2 = 4). Gibt man solchen Patienten eine weniger häufig geübte Aufgabe (beispielsweise 11 + 27), sind sie nicht imstande, dies auszurechnen.

HILFESTELLUNG: Die in 4 waagerecht gesuchte Zahl ist 21492.

ZAHLENRÄTSEL 4

Waagerecht

1. Die dritte Potenz einer Primzahl (ein Palindrom)
4. Das Quadrat einer dritten Potenz
5. Die dritte Potenz einer der Ziffern der in 1 waagerecht gesuchten Zahl
6. Der Wert der Ziffern der gesuchten Zahl vermindert sich regelmäßig
8. Bilden Sie das Quadrat einer Quadratzahl; bilden Sie daraus wiederum das Quadrat

Experte

Senkrecht

1. Das Quadrat einer Quadratzahl
2. Die dritte Potenz einer Primzahl (ein Palindrom)
3. Das Quadrat einer Primzahl (ein Palindrom)
7. Eine ungerade Zahl, die rückwärts gelesen die dritte Potenz der dritten Potenz einer Zahl ergibt

Starthilfe: Es gibt nur eine mögliche Lösung für die in 4 waagerecht gesuchte Zahl

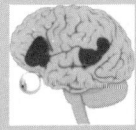

Wissenswertes

Professorin Irene T. Miura von der San Jose State University weist darauf hin, dass japanische Kinder die Zahlen zwischen 10 und 100 in der Regel früher lernen als die Kinder im englischen Sprachraum, weil die japanischen Zahlenbezeichnungen transparenter sind als die Namen der Zahlen von 1 bis 9. *Zyuuni* („zwölf"), ist zusammengesetzt aus *zyuu* („zehn") und *ni* („zwei") – „ten-two". Dies hilft ihnen auch beim Erlernen der Additionsregeln.

HILFESTELLUNG: Die in 7 senkrecht gesuchte Zahl ist 215.

ZAHLENRÄTSEL 5

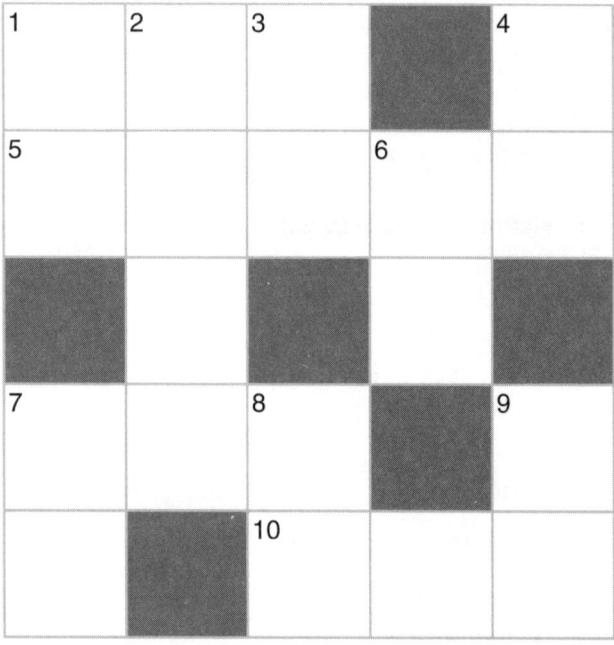

Starthilfe: Ein geeigneter „Einstieg" in dieses Rätsel ist die in 3 senkrecht gesuchte Zahl; eine der zwei möglichen Antworten können Sie ausschließen, indem Sie sich die in 1 waagerecht gesuchte Zahl ansehen.

Waagerecht

1. Die dritte Potenz einer Primzahl: die erste und die dritte Ziffer sind gleich
5. Ein Palindrom, dessen Ziffern Vielfache der Zahl 3 darstellen
7. Ein anderes Palindrom, das die Zahl 3 enthält
10. Eine Zahl, die mit einem Dutzend zu tun hat

Senkrecht

1. Eine Quadratzahl; gleich der in 6 und 7 senkrecht gesuchten Zahl
2. Absteigende Ziffernfolge (jeweils um 1)
3. Die zweite Ziffer der gesuchten Zahl ist das Quadrat der ersten Ziffer
4. Bekannte Straße in den USA
5. Zahl aus zwei gleichen Ziffern
6. Die gesuchte Zahl ist gleich der in 1 senkrecht gesuchten Zahl
7. Die gesuchte Zahl ist gleich der in 6 senkrecht gesuchten Zahl
8. Die Quersumme der gesuchten Zahl ergibt ein Drittel des Wertes der Quadratwurzel der in 10 waagerecht gesuchten Zahl
9. Die Quersumme der gesuchten Zahl ist 5

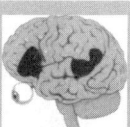

Wissenswertes

Meist sind es Männer, die bei mathematischen Tests Spitzenwerte erzielen. Das hat nicht allein kulturelle Gründe. Männer aller Kulturen schneiden besser ab, wenn sie dreidimensionale Objekte vor ihrem geistigen Auge drehen müssen. Manche Babys werden mit dem richtigen männlichen Chromosomensatz geboren – einem X- und einem Y-Chromosom –, besitzen jedoch keine Rezeptoren für männliche Hormone, wie beispielsweise Testosteron. (Als Kinder sehen sie sogar derart mädchenhaft aus, dass sie einen Arzt täuschen können.) Später in der Schule schneiden sie in der Regel in Mathematik schlechter ab als normale Jungen.

HILFESTELLUNG: Die in 5 waagerecht gesuchte Zahl ist 63936.

ZAHLENRÄTSEL 6

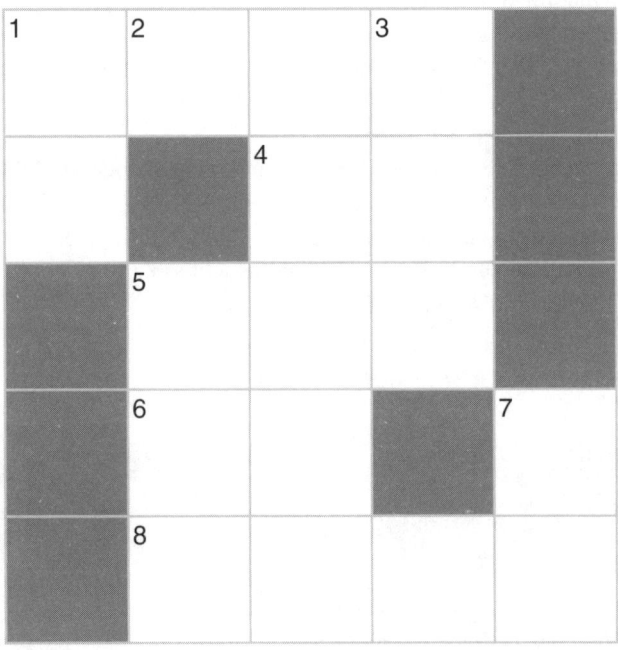

Starthilfe: Ein guter „Einstieg" für dieses Rätsel ist die in 1 senkrecht gesuchte Zahl; von zwei möglichen Lösungen können Sie eine ausschließen, wenn Sie sich die Vorgaben für 3 senkrecht ansehen.

Waagerecht

1. Die Quersumme der Ziffern (alles gerade Zahlen) der gesuchten Zahl ist 16; die erste und die letzte Ziffer sind gleich
4. Eine gerade Zahl
5. Das Quadrat der in 1 senkrecht gesuchten Zahl
6. Die erste Ziffer der gesuchten (geraden) Zahl ist um 3 kleiner als die zweite Ziffer
8. Ein Palindrom in Form einer Jahreszahl des 19. Jahrhunderts

Senkrecht

1. Das Quadrat einer Primzahl
2. Die ersten beiden Ziffern der gesuchten (geraden) Zahl sind dieselben wie die letzten beiden Ziffern
3. Das Quadrat einer ungeraden Zahl; ein Vielfaches der in 1 senkrecht gesuchten Zahl
5. Die Quersumme der gesuchten Zahl ist 8
7. Quadrat einer ungeraden Zahl

Wissenswertes

Der Gehirnforscher Steven Gaulin hat entdeckt, dass bei polygamen Vogel- und Säugetierarten (d.h. ein Männchen hat so viele Weibchen wie möglich, anstatt sich mit nur einem Weibchen zusammenzutun) die Männchen in der Regel gegenüber den Weibchen bessere Fähigkeiten haben, den Weg durch ein Labyrinth zu finden, und dass sie einen größeren Hippocampus besitzen – die Hirnregion, in der das räumliche Denken lokalisiert ist. Also haben die etwas bessere Ausprägung der mathematischen Fähigkeiten sowie des räumlichen Denkens und die notorische Promiskuität der männlichen Vertreter der menschlichen Rasse möglicherweise eine einzige gemeinsame biologische Ursache.

HILFESTELLUNG: Die in 2 senkrecht gesuchte Zahl ist 48248.

ZAHLENRÄTSEL 7

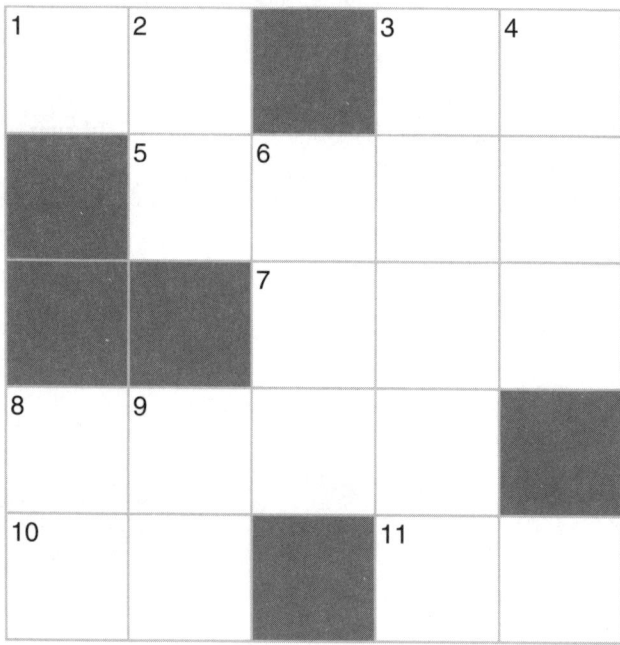

Starthilfe: Ein empfehlenswerter „Einstieg" in dieses Rätsel sind die in 10 waagerecht sowie die in 8 senkrecht und 3 waagerecht gesuchten Zahlen. (Für jede davon gibt es zwei oder drei mögliche Antworten, aber jeweils nur eine passende Lösung.)

Waagerecht

1. Die gesuchte Zahl ist die Hälfte der in 3 waagerecht gesuchten Zahl
3. Das Quadrat einer geraden Zahl
5. Alle Ziffern der gesuchten Zahl sind ungerade, wobei die jeweils folgende Ziffer größer ist als die vorherige
7. Das Quadrat der Summe der ersten beiden Ziffern der in 4 senkrecht gesuchten Zahl
8. Die einzelnen Ziffern der gesuchten Zahl sind abwechselnd gerade und ungerade, wobei die jeweils folgende Ziffer größer ist als die vorherige
10. Das Quadrat einer Primzahl
11. Eine Zahl, die auf den Kopf gestellt genauso aussieht

Senkrecht

2. Das Quadrat einer Quadratzahl
3. Eine ungerade Zahl; die fünfte Ziffer ist das Quadrat der ersten Ziffer; die drei mittleren Ziffern sind die dritte Potenz der fünften Ziffer
4. Die dritte Ziffer der gesuchten Zahl ist identisch mit der letzten Ziffer der Summe aus den beiden ersten Zifern der gesuchten Zahl
6. Die ersten beiden Ziffern, als Zahl gelesen, sind ein Vielfaches der dritten Ziffer (gerade Zahl)
8. Die nächste gerade Quadratzahl nach dem in 3 waagerecht gesuchten Quadrat
9. Die erste Ziffer der gesuchten Zahl ist die Quadratwurzel der in 10 waagerecht gesuchten Zahl

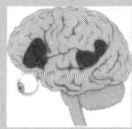

Wissenswertes

Im Verlauf des Alterungsprozesses schrumpft der Hippocampus – eine Hirnregion, in der die mathematischen Fähigkeiten und das räumliche Denken lokalisiert sind – bei Männern schneller als bei Frauen und ihr Testosteronspiegel sinkt. Derartige biologische Veränderungsprozesse könnten zur Erklärung beitragen, weshalb die mathematischen Fähigkeiten (die bei Männern meist ausgeprägter sind) in sehr jungem Alter ihren Höhepunkt erreichen.

HILFESTELLUNG: Die in 3 senkrecht gesuchte Zahl ist 37299.

PAAR-ZUSAMMENSTELLUNGEN

VIER KONZEPT-KORRELATIONEN
(FÜR 2 PERSONEN)

SELBSTTEST:
KORRELIERENDE SPRICHWÖRTER

ALLES ÜBER PAAR-ZUSAMMENSTELLUNGEN

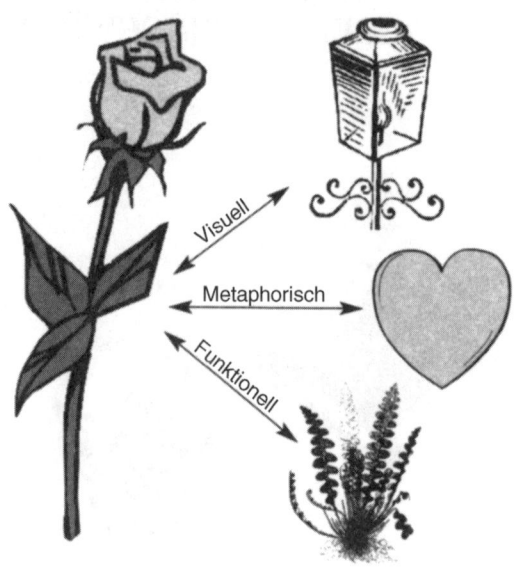

Denksportaufgaben, bei denen es darum geht, eine Reihe von Objekten paarweise zusammenzustellen, können entweder mithilfe der rechten oder der linken Hemisphäre gelöst werden. Für diese Zusammenstellungen gibt es keine festen Regeln, keine „richtigen" Lösungen und keinen vorherbestimmten Schwierigkeitsgrad. Es macht Spaß, diese Aufgaben zu zweit zu bearbeiten, wobei jeder für sich arbeitet, und dann zu sehen, ob Ihre Lösungen übereinstimmen.

Funktionelle Paar-Zusammenstellungen beanspruchen die linke Hemisphäre, visuelle oder metaphorische Paar-Zusammenstellungen die rechte Hirnhälfte. Wenn Sie Bilder auf der Basis einer wesentlichen gemeinsamen Funktion zu Paaren zusammenstellen – Werkzeuge zum Beispiel –, wird Ihre linke Hemisphäre aktiviert. Kombinieren Sie die Objekte jedoch zu Paaren, weil sie die gleiche Form haben oder eine metaphorische Korrelation aufweisen, oder stellen Sie Wörter paarweise zusammen, die eine doppelte Bedeutung besitzen und ein Wortspiel ergeben, arbeitet in der Regel vor allem die rechte Hirnhälfte.

Diese Denksportaufgaben verschaffen Ihnen einen Einblick in die Funktion der Sprache, weil die Einteilung in Kategorien ein Teil dieser Funktionen ist. Von hirngeschädigten Patienten bearbeitete Tests, bei denen es um die Paar-Zusammenstellung von Bildern geht, zeigen, dass die linke Hemisphäre in der Regel Objekte eher nach deren Funktion zusammengruppiert (ein Messer und ein Laib Brot beispielsweise), während die rechte Hirnhälfte sie nach ihrem äußeren Erscheinungsbild einander zuordnet (zum Beispiel ein Messer und ein Lineal).

Bei mehr als 95 Prozent der männlichen Rechtshänder dominiert die linke Hemisphäre in Bezug auf die wichtigsten Elemente der sprachlichen Kommunikation, das heißt die *Syntax* (die Satzstruktur) und die *Semantik* (die Bedeutung der Wörter, Sätze und Zeichen). Aktuelle Untersuchungen haben ergeben, dass die sprachlichen Funktionen bei Frauen weniger stark auf eine Hirnhälfte konzentriert sind als bei Männern – Frauen benützen in der Regel eher beide Hemisphären gleichzeitig, als Männer dies tun. Auch die Sprachzentren von Links- oder Beidhändern sind normalerweise gleichmäßiger über beide Hemisphären verteilt als bei Rechtshändern. (Das erklärt, weshalb männliche Rechtshänder ihre sprachlichen Fähigkeiten nach einem linksseitigen Hirnschlag langsamer wiedergewinnen.)

Einige Elemente der sprachlichen Kommunikation (einschließlich der so genannten *Pragmatik*) sind auch bei männlichen Rechtshändern weniger eindeutig auf die linke Hemisphäre konzentriert. Die rechte Hirnhälfte spielt eine Rolle bei der sprachlichen Intonation und der Gestik. Das Verständnis für Humor und indirekte Hinweise – wie zum Beispiel „Mensch, ich hätte wirklich gerne eine Hilfe beim Abwaschen" – kann durch eine rechtsseitige Hirnschädigung ebenfalls in Mitleidenschaft gezogen werden. Menschen, deren rechte Hemisphäre geschädigt ist, kann es schwer fallen, indirekte Bitten zu interpretieren, und einige Forscher haben gefolgert, dass die rechte Hemisphäre am Ableiten von Schlussfolgerungen aus Gesprächen beteiligt ist. Die im oben stehenden Beispiel ausgedrückte Bitte, beim Abwasch zu helfen, kann man ableiten, auch wenn sie nicht ausdrücklich formuliert wird.

Aktuelle PET-Scan-Untersuchungen bestätigen die Theorie, dass auch die Metaphorik – wie beispielsweise Investoren als Eichhörnchen zu beschreiben, die Nüsse für den Winter sammeln, oder die Bedeutung des Wortes „grün" als „unerfahren" zu begreifen – eine teilweise in der rechten Hemisphäre lokalisierte Funktion ist. Einige dieser Studien stützen die Annahme, dass die rechte Hemisphäre eine Rolle bei der raschen Auffindung mehrerer möglicher Bedeutungen eines Wortes oder eines Satzes, einschließlich bildlicher oder übertragener Bedeutungen, spielt, während die linke Hirnhälfte lediglich eine einzige Bedeutung auswählt und alle übrigen unterdrückt; die linke Hemisphäre allein ist weniger im Stande, die breite Palette von Bedeutungen hervorzubringen.

Die folgende Anekdote über den Physiker und Nobelpreisträger Niels Bohr demonstriert die wesentliche Rolle, die die rechte Hemisphäre beim Verständnis von Humor spielt. Ein Besucher bemerkte das Hufeisen, das als Glücksbringer über der Tür von Niels Bohrs Büro aufgehängt war, und rief aus: „*Sie* glauben doch sicherlich nicht an diesen abergläubischen Unsinn, Doktor Bohr?!" Worauf Bohr erwiderte: „Natürlich nicht, aber ich habe gehört, dass es funktioniert, unabhängig davon, ob man daran glaubt oder nicht."

Witze wie dieser sind jemandem, der die Pointe nicht versteht, schwer zu erklären. Die rechte Hemisphäre hat keine Schwierigkeiten damit, mehrere widersprüchliche Vorstellungen auf einmal zu verarbeiten. Die linke Hirnhälfte muss sich für eine Vorstellung entscheiden und die widersprüchlichen Konzepte verwerfen.

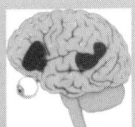

Wissenswertes

Sprach- und einfache Musikfähigkeiten werden in unterschiedlichen Bereichen des Gehirns kontrolliert. Manche Menschen, die durch einen Schlaganfall in der linken Gehirnhälfte all ihre Sprachfähigkeiten verloren haben, können trotzdem noch den Text eines ihnen gut bekannten Liedes singen.

PAAR-ZUSAMMENSTELLUNG 1

Gruppieren Sie die zehn verschiedenen Objekte zu Paaren. Verwenden Sie jedes Bild ein Mal und lassen Sie kein Bild aus. Stellen Sie sie so zusammen, dass sich jeweils die *beste* Kombination ergibt, welche Art von Ähnlichkeit auch immer Ihnen am sinnvollsten erscheint. Es gibt keine „richtige" Lösung; einige Möglichkeiten finden Sie im Lösungsteil am Ende des Buches.

Probieren Sie diesen Test zum Spaß zusammen mit einer Freundin beziehungsweise mit einem Freund aus und schauen Sie, ob Sie die gleichen Paare kombinieren. Geben Sie sich zwei Punkte für jedes Paar, das mit der von Ihrem Partner gewählten Kombination übereinstimmt und null Punkte für jede abweichende Zusammenstellung. 8–10 Punkte: Geistesverwandtschaft. 4–6 Punkte: Bleiben Sie im Gespräch miteinander. 0–2 Punkte: Sie leben auf verschiedenen Planeten.

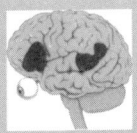

Wissenswertes

Nicht alle Sprachfunktionen sind in der linken Hemisphäre lokalisiert, auch nicht bei männlichen Rechtshändern. Die Intelligenzforscher Howard Gardner und Ellen Winner haben herausgefunden, dass Menschen mit einer rechtsseitigen Hirnschädigung Schwierigkeiten haben, Metaphern oder die Pointe eines Witzes zu verstehen.

PAAR-ZUSAMMENSTELLUNG 2

Kombinieren Sie die zehn verschiedenen Objekte zu fünf Paaren. Verwenden Sie jedes Bild nur ein Mal und lassen Sie kein Bild aus. Stellen Sie sie so zusammen, dass sich die jeweils *beste* Zusammenstellung ergibt, welche Art von Ähnlichkeit auch immer Ihnen am sinnvollsten erscheint. Es gibt keine „richtige" Lösung; einige Möglichkeiten finden Sie im Lösungsteil am Ende des Buches.

Probieren Sie diesen Test zum Vergnügen zusammen mit einem Partner aus und schauen Sie, ob Sie dieselben Paare kombinieren. Geben Sie sich zwei Punkte für jede übereinstimmende Zusammenstellung und null Punkte für jedes nicht übereinstimmende Paar. 8–10 Punkte: Geistesverwandtschaft. 4–6 Punkte: Bleiben Sie im Gespräch miteinander. 0–2 Punkte: Sie leben auf verschiedenen Planeten.

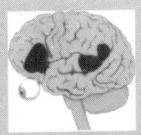

Wissenswertes

Bei einer kürzlich mittels der funktionellen Magnet-Resonanz-Tomografie durchgeführten Untersuchung des Verlaufs des Blutflusses im Gehirn von Männern und Frauen, die eine rhythmische Übung ausführten, fanden die Forscher Bennett und Sally Shaywitz und ihre Kollegen Hinweise auf beträchtliche geschlechtsspezifische Abweichungen im Hinblick auf die Gehirnaktivität. Bei allen 19 männlichen Probanden ließ die Untersuchung eine Blutkonzentration in einer Region des linken Vorderlappens erkennen. Auch bei acht der weiblichen Versuchspersonen zeigte sich eine verstärkte linksseitige Hirnaktivität, wenngleich nicht so ausgeprägt asymmetrisch. Bei elf der Probandinnen war eine gleichmäßige Verteilung der Blutkonzentration in beiden Hemisphären zu beobachten. Diese Untersuchung stützt die Ergebnisse anderer Studien, die belegen, dass die sprachlichen Fähigkeiten bei Frauen weniger speziell auf die linke Hirnhälfte konzentriert sind.

PAAR-ZUSAMMENSTELLUNG 3

Gruppieren Sie diese 14 Objekte zu Paaren. Verwenden Sie jedes Bild nur ein Mal und lassen Sie kein Bild aus. Stellen Sie sie so zusammen, dass alle sieben Paare die *bestmöglichen* Kombinationen ergeben, egal welche Art von Ähnlichkeit Ihnen am sinnvollsten erscheint. Es gibt keine „richtige" Lösung; einige Möglichkeiten finden Sie im Lösungsteil am Ende des Buches.

Zum Spaß können Sie diese Übung auch zusammen mit einer Freundin/einem Freund durchführen und sehen, ob Sie dieselben Paare kombinieren. Geben Sie sich jeweils zwei Punkte für jede übereinstimmende Zusammenstellung und null Punkte für jedes nicht übereinstimmende Paar. 12–14 Punkte: Geistesverwandtschaft. 8–10 Punkte: Bleiben Sie im Gespräch. 0–6 Punkte: Sie leben auf verschiedenen Planeten.

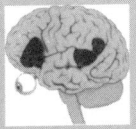

Wissenswertes

Manche Hirnschläge haben den spezifischen Effekt, dass die Patienten nur eine bestimmte Klasse von Wörtern vergessen, wie beispielsweise die Bezeichnungen für Obst- oder Gemüsesorten. In einer kürzlich durchgeführten PET-Scan-Studie bestimmten die an der University of Iowa tätigen Hirnforscher Hanna und Antonio Damasio drei verschiedene Regionen im linken Vorderlappen, die an der Bezeichnung drei verschiedener Kategorien von Wörtern beteiligt sind: Personennamen, Namen von Tieren und Bezeichnungen von Werkzeugen. (Die Aufgabe, Personennamen zu nennen, aktiviert auch den rechten Vorderlappen.) Da die für die Bezeichnung von Tieren zuständige Region zwischen den anderen beiden Bereichen lokalisiert ist, kommt es als Folge einer Hirnschädigung weit häufiger vor, dass Menschen sowohl die Namen von Personen als auch die Bezeichnungen von Tieren oder aber die Bezeichnung von Werkzeugen und zugleich die Namen von Tieren vergessen als die Namen von Personen und die Bezeichnung von Werkzeugen.

PAAR-ZUSAMMENSTELLUNG 4

Kombinieren Sie diese 14 Objekte zu sieben Paaren. Verwenden Sie jedes Bild nur ein Mal und lassen Sie kein Bild aus. Stellen Sie sie so zusammen, dass sich die *beste* Kombination ergibt, egal welche Art von Ähnlichkeit Ihnen sinnvoll erscheint. Es gibt keine „richtige" Lösung; einige Möglichkeiten finden Sie im Lösungsteil am Ende des Buches.

Probieren Sie diese Übung zum Vergnügen zusammen mit einer Partnerin/einem Partner aus und schauen Sie, ob Sie gemeinsame Kombinationen haben. Geben Sie sich zwei Punkte für jede übereinstimmende Zusammenstellung und null Punkte für jedes abweichende Paar. 12–14 Punkte: Geistesverwandtschaft. 8–10 Punkte: Bleiben Sie im Gespräch. 0–6 Punkte: Sie leben auf verschiedenen Planeten.

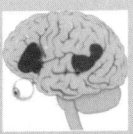

Wissenswertes

Einige EEG-Untersuchungen zeigen, dass die *Multiple-Persönlichkeits-Störung* das Resultat von Verschiebungen der Dominanz der beiden Hemisphären ist. Die Neuropsychologin Polly Henninger behauptet, dass die Präsenz einer reifen, angepassten Persönlichkeit in den Bereich der linken Hirnhälfte fällt, während die anderen „Alter Egos" von der rechten Hirnhälfte dominiert werden. Dies entspricht der Theorie des Psychiaters Frederic Schiffer, der behauptet, dass die psychologischen Konflikte zwischen produktivem und unproduktivem sowie reifem und unreifem Verhalten, unter denen viele Menschen leiden, möglicherweise den Verschiebungen der jeweiligen Dominanz der beiden Hemisphären zuzuschreiben sind.

SELBSTTEST

1. Trennung verstärkt die Liebe.
2. Weshalb eine Kuh kaufen, wenn die Milch so billig ist?
3. Wer einmal lügt, dem glaubt man nicht, und wenn er auch die Wahrheit spricht.
4. Alles kommt zu dem, der warten kann.
5. Wo Bienen sind, da gibt's auch Honig.
6. Blinder Eifer schadet nur.
7. Gegensätze ziehen sich an.
8. Wer im Glashaus sitzt, sollte nicht mit Steinen werfen.
9. Man bekommt im Leben nichts geschenkt.
10. Man soll seine Perlen nicht vor die Säue werfen.
11. Ehrlich währt am längsten.
12. Wer zuerst kommt, mahlt zuerst.
13. Einem hastigen Aufstieg kann ein tiefer Fall folgen.
14. Aus den Augen, aus dem Sinn.
15. Wer zögert, verspielt seine Chancen.
16. Verkaufe das Fell des Bären nicht, bevor du ihn gefangen hast.
17. Man soll das Heu machen, solange die Sonne scheint.
18. Wirf ausreichend viel Schmutz und ein Teil davon wird hängen bleiben.
19. Lass dich von der äußeren Erscheinung nicht täuschen.
20. Die Wahrheit wird an den Tag kommen.
21. Zwei Köpfe sind besser als einer.
22. Gleich und Gleich gesellt sich gern.
23. Es ist nicht alles Gold, was glänzt.
24. Zu viele Köche verderben den Brei.
25. Nur in einer Mausefalle gibt es Käse umsonst.
26. Eine Kapuze macht noch keinen Mönch.

Korrelierende Sprichwörter

Obwohl man von Sprichwörtern erwartet, dass sie wesentliche, zeitlose Wahrheiten wiedergeben, ist es unter Umständen schwierig, sie in normaler Alltagssprache zu erklären. Und wenn Sprichwörter wahr und zeitlos sind, weshalb gibt es dann so viele gegensätzliche?

Lesen Sie sich die links stehenden Sprichwörter durch und gruppieren Sie diejenigen zusammen, die annähernd dieselbe Aussage haben, und diejenigen, die gegensätzliche Weisheiten wiedergeben. (Hinweis: Nicht jedes Sprichwort hat ein Gegenstück, das etwa dieselbe beziehungsweise eine entgegengesetzte Aussage hat; zu einigen Sprichwörtern gibt es mehrere Gegenstücke mit annähernd der gleichen Bedeutung.) Eine reizvolle Zusatzaufgabe besteht darin, eine Erklärung für die Sprichwörter, die einen widersprüchlichen Sinn haben, zu suchen, so dass beide Aussagen gleichermaßen zutreffend sind.

Diese Denksportaufgabe trainiert die Sprachzentren beider Hemisphären, wobei die rechte Hirnhälfte erwiesenermaßen einen wichtigen Beitrag zur Interpretation von Sprichwörtern und Metaphern im Allgemeinen leistet. Menschen mit einer rechtsseitigen Hirnschädigung kommen häufig auf zu wörtliche Auslegungen von Sprichwörtern, die am Kern ihrer Bedeutung vorbeigehen. Das Gleiche ist bei Schizophrenen der Fall. (Bittet man sie beispielsweise, das Sprichwort „Das Brot fällt immer mit der Butterseite nach unten" zu interpretieren, erklären sie eventuell, dass „die mit Butter bestrichene Seite schwerer" sei.) Wenn Sie eine Erklärung für die Gültigkeit widersprüchlicher Sprichwörter suchen, aktivieren Sie der Aussage des Hirnforschers Michael Gazzaniga zufolge den „Interpretationsmechanismus" Ihrer linken Hemisphäre.

Es gibt keine „richtigen" oder „falschen" Antworten. Unsere Musterbeispiele finden Sie im Lösungsteil am Ende des Buches.

LOGISCHE DENKSPORTAUFGABEN FÜR DEN ALLTAG

FÜNF LOGISCHE DENKSPORTAUFGABEN

SELBSTTEST: 20 BILDERFRAGEN

ALLES ÜBER LOGISCHE
DENKSPORTAUFGABEN FÜR DEN ALLTAG

Einige Leute stellen sich unter „Logik" eine akademische Disziplin vor, einen Teilbereich der Mathematik oder der Philosophie. Aber es gibt eine weniger fachbezogene Form von Logik, die sich auf Alltagssituationen anwenden lässt, wie zum Beispiel: „Wenn Zerstreutheit auf Vitaminmangel zurückgeführt werden kann, bedeutet das *nicht* unbedingt, dass ich klüger werde, wenn ich Multivitaminpräparate nehme." Ohne diese Art von Alltagslogik laufen wir Gefahr, aalglatten, redegewandten Verkäufern und Demagogen zum Opfer zu fallen.

Zur Lösung der folgenden logischen Denksportaufgaben für den Alltag sind keine speziellen Kenntnisse, keine Beherrschung irgendeiner Fachterminologie und keine besonderen mathematischen Fähigkeiten erforderlich, abgesehen von den Grundkenntnissen der Addition, Subtraktion, Multiplikation und Division. Sie müssen lediglich die vorgegebenen Fakten und Annahmen studieren und diese Informationen benützen, um daraus ein neues Stück Information abzuleiten – die Lösung der Denksportaufgabe.

Unter Umständen hilft es Ihnen, daran zu denken, dass nicht alle in einer Aufgabe aufgezählten Fakten gleich wichtig oder überhaupt notwendig für die Lösung sind. Manchmal werden Sie vielleicht das Gefühl haben, auf eine oder zwei falsche Fährten gelockt zu werden. Aber es gibt keine Fangfragen. Sie müssen lediglich aufmerksam auf die Details der einzelnen Denksportaufgaben achten und sie in relevante und irrelevante Fakten einteilen. Die Lösung solcher Aufgaben zu trainieren kann im Alltag nützlich sein, weil ungerechtfertigte Annahmen zu nachlässigem Denken, Vorurteilen und falschen Schlussfolgerungen führen.

Manchmal mag es hilfreich für Sie sein, wenn Sie ein einfaches Schema anfertigen, um die in der Denksportaufgabe vermittelten Informationen zu ordnen. Nehmen wir als Beispiel die folgende kleine Aufgabe: Den Aussagen Ihrer Freunde zufolge stellt Aika bessere CD-Player her als Elektroflux; Best Brand produziert schlechtere als Elektroflux; Cox stellt minderwertigere her als Best Brand; und Best Brand produziert bessere als Daiwa. Wenn Sie die Wahl zwischen Daiwa und Aika haben – welchen CD-Player sollten Sie der Ansicht Ihrer Freunde zufolge aussuchen? Die Aufgabe scheint verwirrend, wird aber sehr einfach, sobald Sie die einzelnen Marken ihrem Qualitätsniveau nach von links nach rechts ordnen:

A > E > B > {C, D}

Jetzt können Sie auf Anhieb erkennen, dass A die bessere Wahl ist.

Eine weitere nützliche Methode zum Sortieren von Daten ist eine schematische Darstellung in Form einer Tabelle. Ein Beispiel: Amy, Babette, Cleo und Dorcas sind die Tanten von Zelda, einer pragmatischen Frau in ihren Dreißigern, die beschließt, dass es an der Zeit ist, sesshaft zu werden und zu heiraten. Es gibt vier zur Auswahl stehende Bewerber, die alle um Zeldas Hand anhalten: Ernie, Fred, Garth und Horatio. Natürlich hat jede Tante ihre eigene Ansicht darüber, welchen der jungen Männer ihre Nichte heiraten sollte. Amy mag Ernie am liebsten und will, dass Zelda ihn heiratet; Babette hält Ernie und Horatio für zu hässlich, findet aber Fred und Garth ihrer Nichte würdig; Cleo mag nur Garth, und Dorcas ist der Ansicht, Fred und Horatio seien zu arm, sie mag aber Ernie und Garth.

Der Einmischung ihrer Tanten überdrüssig, wendet sich Zelda an einen professionellen Heiratsvermittler, der schnell einen der vier jungen Männer für sie aussucht. Die Rätselfrage lautet: Nur eine der Tanten ist glücklich über die Entscheidung des Heiratsvermittlers – welche? Und wer ist der glückliche Bräutigam?

Ein verwirrendes Problem, bis Sie die Optionen der Tanten wie folgt tabellarisch darstellen:

	Ernie	Fred	Garth	Horatio
Amy	✓			
Babette		✓	✓	
Cleo			✓	
Dorcas	✓		✓	

Nun können Sie erkennen, dass, wenn nur eine der Tanten glücklich über die Wahl des Bräutigams sein soll, dies Babette sein muss; und der glückliche junge Mann muss Fred sein. Anderenfalls wäre entweder keine Tante oder mehr als eine glücklich über die Wahl.

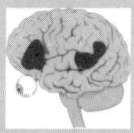

Wissenswertes

Obwohl die meisten Rechtshänder (insbesondere rechtshändige Männer) ihre Sprachzentren in der linken Gehirnhälfte haben, kann man nicht voraussagen, dass Linkshänder unbedingt ihr Sprachzentrum in der rechten Hälfte haben. Lorin Elias und M. P. Bryden haben herausgefunden, dass *Füßigkeit* – also welchen Fuß man verwendet, um zu treten oder aufzustampfen – ein weitaus besserer Indikator dafür ist. Nach ihren Forschungen ist es also folgendermaßen: Wenn Sie Linksfüßer sind, ist die Wahrscheinlichkeit hoch, dass Ihr Sprachzentrum sich in der rechten Gehirnhälfte befindet.

LOGISCHE DENKSPORTAUFGABE 1

Betty ist sehr modebewusst – allerdings ist ihre Arbeitskleidung auf vier Kostüme beschränkt (Blau mit Gelb, Blau mit Blaugrün, Blau mit Lavendel und Blau mit Pink), jeweils kombiniert mit passenden Accessoires und jeweils drei Paar Schuhen (alle in Blautönen). Am Freitag entschließt sie sich, ein hellblaues Kostüm und farblich genau dazu passende Schuhe zu kaufen. Am Montag darauf trägt sie ihre neue Kleidung zum ersten Mal und wechselt dann fortlaufend ihre Kostüme und Schuhe. Nach wie vielen Tagen zieht sie das neue Kostüm und die neuen Schuhe wieder zusammen an?

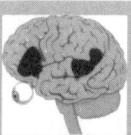

Wissenswertes

Wenn Sie aus einer direkten Auseinandersetzung als Sieger hervorgehen wollen, stellen Sie sich auf die linke Seite Ihres Gegners. Zu diesem Schluss gelangte Roger Drake von der University of Colorado nach verschiedenen sorgfältig durchgeplanten Versuchen. Weshalb? Einige Neurowissenschaftler sind der Ansicht, dass die linke Hemisphäre über eine Art „kritischen Zensor" verfügt, während die rechte Hirnhälfte Informationen in unkritischerer, nicht wertender Weise verarbeitet. Da das linke Gesichtsfeld einer Person mit deren rechter Hemisphäre verbunden ist, hilft Ihnen das Stehen auf der linken Seite eines Menschen, seine nicht wertende rechte Hemisphäre direkter anzusprechen und die kritische Urteilsfähigkeit seiner linken Hirnhälfte zu umgehen.

HILFESTELLUNG: Da Betty nun fünf Kostüme besitzt, trägt sie ihr neues Kostüm jeden fünften Tag. Weil sie aber nur vier Paar Schuhe hat, zieht sie ihre neuen Schuhe jeden vierten Tag an. Sie müssen nach dem ersten Tag suchen, an dem sie das neue Kostüm und die neuen Schuhe gemeinsam trägt.

LOGISCHE DENKSPORTAUFGABE 2

Die Forellensaison hat begonnen, und vier Geschäftsmänner – Tom, Dick, Harry und Jim – sowie ihr Buchhalter, Mr. Clever, haben Angelscheine erhalten. Am Sonntag fahren die fünf Männer in Dicks Kombi zu einem fischreichen See. Am Ende des Tages hat Jim 30 Fische gefangen – doppelt so viele wie sein Freund Harry, dessen Fang 20 Prozent der insgesamt geangelten Fische ausmacht. Mr. Clever hat 10 Fische gefangen. Tom und Dick liegen in der Mitte zwischen den beiden. Wie viele Fische haben die fünf Männer insgesamt geangelt?

Experte

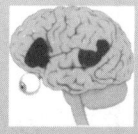

Wissenswertes

Der an der Harvard Universität beschäftigte Psychiater Frederic Schiffer hat entdeckt, dass eine einfache Schutzbrille, die die Verbindung zu einer der beiden Hemisphären blockiert, einen tief greifenden Effekt im Hinblick auf die Reduzierung von Angst bei seinen Patienten hat – so wie chemische Antidepressiva, wobei jedoch die Wirkung schneller eintritt. (Um dies selbst auszuprobieren, brauchen Sie lediglich eine ganz normale billige Plastikschutzbrille und undurchsichtiges Klebeband.) EEG-Untersuchungen lassen erkennen, dass die Wirkung der Schutzbrille auf der Stimulierung der Hemisphäre beruht, die dem freien Gesichtsfeld gegenüberliegt. Bei 60 Prozent seiner Patienten, die unter schweren Depressionen leiden, wirken die Schutzbrillen, die das linke (mit der rechten Hemisphäre verbundene) Gesichtsfeld blockieren, am besten, was zeigt, dass die linke Hirnhälfte der Patienten deren „positiv eingestellte Seite" ist.

HILFESTELLUNG: Die einzige Information, die wirklich wichtig für Sie ist, ist der Satz, in dem Sie erfahren, wie viele Fische Jim und Harry gefangen haben.

LOGISCHE DENKSPORTAUFGABE 3

Tom und Dick waren kürzlich spätabends zum Essen aus, nachdem sie den ganzen Tag mit der Inventur ihres Haushaltswarenladens beschäftigt gewesen waren. Sie waren beide müde und Dick bezahlte die Rechnung über 45 Dollar ohne nachzurechnen. Der Kassierer überprüfte die Rechnung routinemäßig und stellte fest, dass die Summe nur 30 Dollar hätte betragen dürfen. Er gab dem Kellner drei 5-Dollar-Noten; der Kellner behielt einen Schein und gab die beiden anderen Dick als Wechselgeld zurück. Auf diese Weise bezahlte Dick 35 Dollar für das Abendessen und der Kellner wurde um 5 Dollar reicher, was insgesamt 40 Dollar ergibt. Was passierte mit den anderen 5 Dollar?

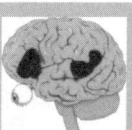

Wissenswertes

Wenn Sie versuchen, zwei Unterhaltungen gleichzeitig zu folgen, werden Sie mehr Erfolg haben, wenn Sie sich auf das Gespräch konzentrieren, das Sie mit dem Ohr hören, welches den Hauptsprachzentren Ihres Gehirns gegenüberliegt (bei den meisten Menschen das rechte Ohr/die linke Hemisphäre). Die beiden Hirnhälften sind miteinander „verdrahtet", so dass jedes Ohr mit beiden Hemisphären verbunden ist, aber den von Doreen Kimura am Montreal Neurological Institute durchgeführten Untersuchungen zufolge reagiert Ihr Gehirn auf *gleichzeitig auftretende* Geräusche, indem es Informationen von jedem Ohr zur *gegenüberliegenden* Hemisphäre leitet.

HILFESTELLUNG: Denken Sie daran, dass sich die Rechnung auf 30 Dollar hätte belaufen sollen und dass Dick am Ende 35 Dollar bezahlte.

LOGISCHE DENKSPORTAUFGABE 4

Kürzlich nahmen sich Tom und Dick von ihrem Haushaltswarengeschäft frei und fuhren nach Süden in eine wärmere Gegend. Vor ihrer Abreise hatten sie versprochen, jedem ihrer Kollegen in dem Einkaufzentrum, in dem sich ihr Geschäft befand, per Schiff eine Kiste Zitrusfrüchte zu schicken. Ihr Cousin Harry bat um Orangen, der Obst- und Gemüsehändler Jim wollte Grapefruits mit rosa Fruchtfleisch und Mr. Clever, der Buchhalter, wünschte sich eine Mischung beider Fruchtsorten.

Einige Tage nach Toms und Dicks Rückkehr kam das Obst an, und zwar in Kisten mit den Aufschriften „Orangen", „Grapefruits" und „Orangen und Grapefruits". Da verkündete Tom, dass er den Packer überredet hatte, jede Kiste falsch zu beschriften, und forderte seine Freunde auf, zu bestimmen, was sich in welcher Kiste befand, wobei jeder jeweils nur eine einzige Frucht aus jeder einzelnen Kiste nehmen durfte. Mr. Clever fand eine Lösung. Sie auch?

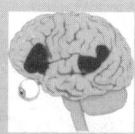

Wissenswertes

Bei Linkshändern sind die für die Sprachverarbeitung zuständigen Hirnzentren in der Regel nicht in dem großen Ausmaß in der linken Hemisphäre konzentriert wie bei Rechtshändern. (Könnte es sein, dass die umfassendere Integration verbaler und nonverbaler Regionen verantwortlich für eine größere Kreativität bei Linkshändern ist?) Wie groß sind die Chancen, als Linkshänder geboren zu werden? I.C. McManus und M.P. Bryden, zwei auf diesem Spezialgebiet tätige Forscher, haben errechnet, dass die Wahrscheinlichkeit für zwei rechtshändige Eltern, ein linkshändiges Kind zu bekommen, bei etwa 9 Prozent liegt. Ist ein Elternteil Rechtshänder, beträgt die Aussicht ungefähr 19 Prozent. Sind beide Eltern Linkshänder, besteht eine etwa 26-prozentige Chance.

HILFESTELLUNG: Der Trick besteht darin, die Kiste herauszufinden, deren Inhalt dadurch identifiziert werden kann, dass man nur eine einzige Frucht herausnimmt. Denken Sie daran – jede Kiste trägt eine falsche Aufschrift.

HILFESTELLUNG: Wenn nur einer der vier Männer richtig tippte, lagen alle anderen falsch. Welche drei Männer können sich getäuscht haben, ohne dass es einen Widerspruch ergibt? Versuchen Sie das durch folgende Art der Fragestellung herauszufinden: „Wenn Jim sich geirrt hat, muss die Wahl auf Mr. Clever gefallen sein", etc.

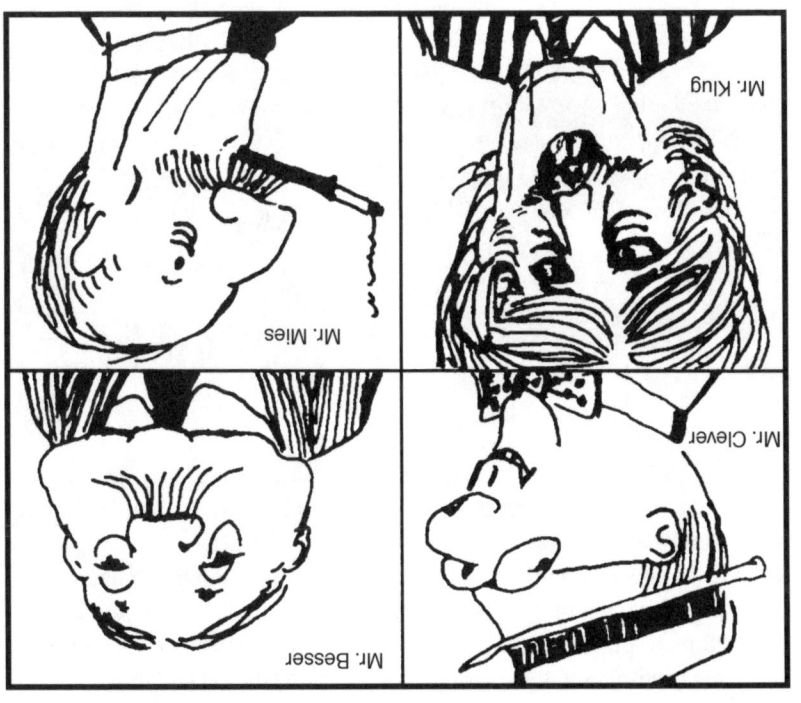

LOGISCHE DENKSPORTAUFGABE 5

Die Inhaber des Haushaltswarenladens, Tom und Dick, legten mit den anderen Geschäftsleuten im Einkaufszentrum Geld zusammen, um einen ganztägig beschäftigten Buchhalter einstellen zu können. Harry, der Besitzer des Drogeriemarktes, und Jim, dem der Obst- und Gemüseladen gehörte, trafen sich mit Tom und Dick, um mit vier für diesen Posten infrage kommenden Bewerbern ein Vorstellungsgespräch zu führen: Mr. Clever (der bereits als Buchhalter für Tom und Dick arbeitete), Mr. Besser, Mr. Klug und Mr. Mies. Da sie sich nicht darüber einigen konnten, wer am besten für den Posten geeignet sei, engagierten sie einen Wirtschaftsprüfer, der die Entscheidung treffen sollte. Während sie warteten, gingen sie die Chancen der einzelnen Kandidaten noch einmal durch:

Tom war der Meinung, dass Mr. Clever der geeignete Kandidat sein könnte, nicht aber Mr. Besser oder Mr. Klug.

Dick hatte das Gefühl, dass Mr. Besser als gut befunden werden könnte, während Mr. Klug und Mr. Clever sicherlich nicht die Art von Männern wären, die der Wirtschaftsprüfer einstellen würde.

Harry wollte Mr. Besser oder Mr. Klug, nicht aber Mr. Mies oder Mr. Clever.

Jim sagte, dass alle außer Mr. Clever den Ansprüchen des Postens genügen würden.

Nur einer der Geschäftsleute traf die richtige Wahl. Welcher Bewerber wurde eingestellt?

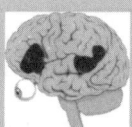

Wissenswertes

Spezifische Funktionsunterschiede der beiden Hemisphären, wie zum Beispiel die Spezialisierung der linken Hirnhälfte auf die Sprachverarbeitung oder die spezielle Fähigkeit der rechten Hemisphäre, visuelle Strukturen zu analysieren, könnten größere kognitive Unterschiede der Hirnhälften widerspiegeln. Die Neuropsychologen Elkhonon Goldberg und Louis Costa beispielsweise behaupten, dass die linke Hemisphäre sich durch die rasche und effiziente Verarbeitung von Eindrücken, die sich in vertraute Schemata einfügen, auszeichnet, während die rechte Hirnhälfte bessere Leistungen bei der Verarbeitung neuer Informationen erbringt.

SELBSTTEST

20 Bilderfragen

Jeder kennt das Spiel der „20 Fragen" – ein Spieler denkt sich ein Objekt aus und gibt an, ob dieses dem Tier- bzw. dem Pflanzenreich oder dem Bereich der unbelebten Natur angehört; der andere Mitspieler kann bis zu 20 nur mit Ja oder Nein zu beantwortende Fragen stellen, um dieses Objekt zu erraten. Bei unserer Version des Spiels wählt ein Spieler still für sich ein Objekt aus der links stehenden Abbildung aus und der andere Mitspieler stellt so viele nur mit Ja oder Nein zu beantwortende Fragen, bis er es herausgefunden hat. Dann tauschen Sie die Rollen. Der Spieler, der die wenigsten Fragen benötigt, ist der Sieger. Für dieses Spiel brauchen Sie die Fähigkeit der linken Hemisphäre zum Kategorisieren von Objekten (wie beispielsweise bei der Frage: „Ist es ein von Menschen hergestelltes Objekt?"), ein gutes Kurzzeitgedächtnis (um sich zu merken, welche Fragen Sie bereits gestellt haben), logisches Denkvermögen (um beispielsweise zu begreifen, dass die Antwort auf die Frage „Ist es ein Werkzeug?" die Frage „Ist es ein von Menschen hergestelltes Objekt?" überflüssig macht) sowie die Fähigkeit, zu planen und zu organisieren.

Starthilfe: Die Strategie, die den geringsten geistigen Aufwand erfordert, besteht darin, bei jedem einzelnen Objekt zu fragen: „Ist es der Apfel?", „Ist es das Auto?", etc. Auf diese Weise brauchen Sie unter Umständen für die 42 Kästchen 41 Fragen. Eine bessere Methode ist es, zuerst einschränkende und anschließend spezifischere Fragen zu stellen. Gute einschränkende Fragen könnten beispielsweise sein: „Ist das Objekt größer als mein Kopf?" oder „Handelt es sich um ein von Menschen angefertigtes Objekt?"

Denken Sie daran, dass Sie auch eine Methode anwenden können, die das in Ihrer rechten Hemisphäre lokalisierte *räumliche* Vorstellungsvermögen aktiviert: „Befindet sich das Objekt in der rechten oberen Hälfte der Abbildung?", anschließend: „Ist es in den unteren vier Reihen der abgebildeten Bilder?", und so weiter. Wenn Sie diese Strategie anwenden, brauchen Sie für eine aus 42 einzelnen Bilderkästchen bestehende Abbildung nie mehr als sechs Fragen.

ADDITIONS-ZAHLENRÄTSEL

DREIZEHN KONZENTRATIONSAUFGABEN, DEREN SCHWIERIGKEITSGRAD SICH FORTLAUFEND STEIGERT

1	2	8	9	■	3	4
5		■	■	6		
■	7		8		■	7
9 4	■	■	10		■	5
10 8	■	11			12	■
13	14		■	■	15	16
17		■	9	8		

ALLES ÜBER ADDITIONS-ZAHLENRÄTSEL

	1	2		3	4	
5				6		7
		8	9			
10		11		12		13
14	15			16	17	
	18 9	6	1	2	3	

Additions-Zahlenrätsel haben viel mit mit gewöhnlichen Kreuzworträtseln gemeinsam, nur dass sowohl die Anweisungen als auch die Lösungen aus Zahlen bestehen. Für diese Art von Rätseln gibt es einige feststehende Regeln. Null ist nicht erlaubt. Keine Ziffer wird in einer gesuchten Ziffernfolge zweimal verwendet. Nehmen wir beispielsweise an, Sie möchten 1 waagerecht lösen:

Waagerecht	Senkrecht
1. 6	2. 10
3. 19	

Die in 1 waagerecht gesuchte Ziffernfolge hat zwei Stellen, also brauchen Sie zwei Ziffern, die zusammen 6 ergeben. Theoretisch sind sieben Lösungen möglich: 0 + 6, 1 + 5, 2 + 4, 3 + 3, 4 + 2, 5 + 1 und 6 + 0. Da Null nicht erlaubt ist, können Sie die erste und die letzte Möglichkeit ausschließen. Weil dieselbe Ziffer in einer Lösung nicht zweimal vorkommen darf, können Sie 3 + 3 ebenfalls ausschließen.

In manchen Fällen erhalten Sie zusätzliche Hinweise, zum Beispiel dass eine bestimmte Zahl nicht erlaubt ist. Oder wir sagen Ihnen, dass alle Lösungen mit einer ungeraden oder aber einer geraden Zahl enden. Dies sind wichtige Hinweise, die helfen, die Anzahl der möglichen Lösungen einzugrenzen.

Wenn wir Ihnen bei dem oben genannten Beispiel den Hinweis geben, dass die Zahl 8 nicht erlaubt ist und alle gesuchten Ziffernfolgen mit einer geraden Zahl enden müssen, können Sie die Möglichkeiten 1 + 5 und 5 + 1 ausschließen. Sehen Sie sich jetzt 2 senkrecht an (Ergebnis: 10). Würde die gesuchte Zahl mit 2 beginnen, wäre die zweite Ziffer 8, was nicht erlaubt ist. Also wissen Sie, dass die Lösung von 1 waagerecht 2 + 4 und von 2 senkrecht 4 + 6 sein muss. Da kurze Ziffernfolgen einfacher herauszufinden sind als lange, ist es in der Regel empfehlenswert, bei den kurzen Zahlen anzufangen und sich von dort aus zu den langen Ziffernfolgen durchzuarbeiten. Wenn Sie sich die in 3 waagerecht gesuchte dreistellige Ziffernfolge ansehen, stellen Sie fest, dass die Lösung von 2 senkrecht Ihnen die erste Ziffer der in 3 waagerecht gesuchten Zahl gibt. Sie brauchen nun zwei weitere Zahlen, die zusammen 13 ergeben müssen: 9 + 4, 8 + 5, 7 + 6, 6 + 7, 5 + 8 oder 4 + 9. Weil 8 nicht erlaubt ist und die Zahl 6 innerhalb der Ziffernfolge nicht zweimal vorkommen darf, bleiben Ihnen nur die erste und die letzte Möglichkeit. Da Sie wissen, dass die Ziffernfolge mit einer geraden Zahl enden muss, wissen Sie, dass nur die erste Möglichkeit richtig sein kann.

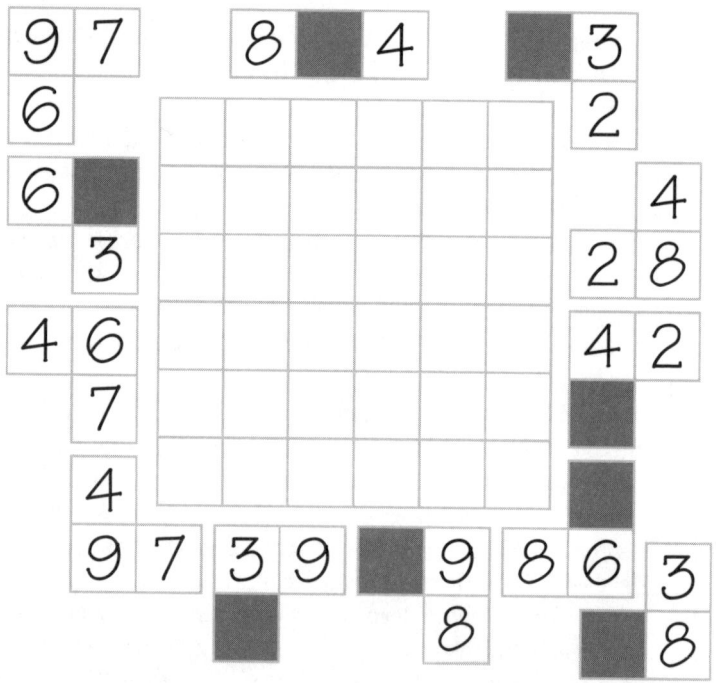

Waagerecht

1. 6

3. 19

Senkrecht

2. 10

Eine interessante Variante des Additions-Zahlenrätsels ist das Rätsel mit einem Rätselfeld ohne schwarze Kästchen. Sehen Sie sich als Beispiel das unten stehende Rätsel an:

Waagerecht

1. 18 (4)	8. 20 (4)
5. 24 (3)	10. 22 (3)
6. 19 (4)	11. 21 (4)

Senkrecht

2. 21 (3)	6. 23 (4)
3. 21 (4)	10. 21 (4)
4. 22 (4)	11. 21 (3)

Die in Klammern stehende Zahl in 1 waagerecht bedeutet, dass die gesuchte Ziffernfolge aus vier Ziffern besteht, also können Sie das fünfte
Kästchen schwärzen. Die in 5 waagerecht gesuchte Ziffernfolge ist dreistellig und passt nicht in die erste Reihe, also muss sie in die zweite
gehören. Aber wohin? Sehen Sie sich die in „Senkrecht" gesuchten Ziffernfolgen an. Es gibt kein „1 senkrecht", also schwärzen Sie das Kästchen
direkt unter dem ersten Kästchen. Die in 2 senkrecht gesuchte Ziffernfolge hat drei Stellen. Aber welches der Kästchen in der ersten Reihe des Rätsels ist Kästchen Nummer 2? Ein nützlicher Hinweis: In diesem Rätsel gibt
es weder in horizontaler noch in vertikaler Richtung zwei nebeneinander
liegende schwarze Kästchen. Also wissen Sie, dass das zweite Kästchen
Kästchen Nummer 2 sein muss und Sie von dort aus drei Kästchen nach
unten zählen und danach ein Kästchen schwärzen müssen. Die Auflösung
des Rätsels sieht folgendermaßen aus:

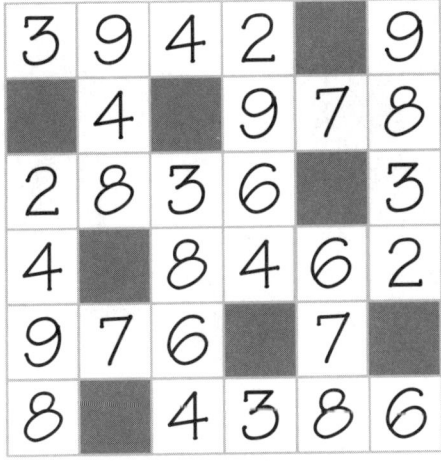

Eine weitere hilfreiche Regel solcher Rätsel lautet, dass das Diagramm
grundsätzlich ein symmetrisches Erscheinungsbild hat, das heißt, die Struktur des Rätsels (mit den schwarzen Kästchen) sollte sowohl in normaler Position als auch auf den Kopf gestellt gleich aussehen.
   Ein letzter Hinweis: Die das Rätselfeld umgebenden „Zahlen-Puzzleteile"
sind zur Lösung des Rätsels nicht unbedingt wichtig, sondern dienen als zusätzliche Hilfe. Sie müssen auf jeden Fall einige der Zahlenangaben lösen, bevor Sie beginnen können, diese „Puzzleteile" in das Feld zu übertragen.

ADDITIONS-ZAHLENRÄTSEL 1

In jedes Kästchen kommt jeweils nur eine Ziffer; die Summe der eingesetzten Ziffern ergibt die in der jeweiligen Anweisung genannte Zahl. Keine Ziffer kommt pro gesuchte Ziffernfolge mehr als einmal vor; die Null wird nicht verwendet.

Bei allen gesuchten Zahlen (Ziffernfolgen) dieses Additions-Zahlenrätsels ist die letzte Ziffer ungerade.

Waagerecht

1. 7	9. 25	16. 19
4. 8	11. 22	17. 20
6. 16	12. 17	19. 20
8. 22	14. 34	20. 17

Senkrecht

2. 11	8. 20	14. 19
3. 10	10. 29	15. 24
4. 13	12. 23	16. 11
5. 13	13. 18	18. 12
7. 18		

Starthilfe: Arbeiten Sie sich von den Ecken des Rätselfeldes ausgehend nach innen vor. Denken Sie daran, dass sich keine Ziffer innerhalb einer Ziffernfolge wiederholen darf und dass alle Ziffernfolgen mit einer ungeraden Zahl enden müssen. Allein diese beiden Anhaltspunkte lassen nur eine mögliche Lösung für die in 1 waagerecht gesuchte Ziffernfolge zu, die Sie wiederum zur einzig passenden Lösung für die in 2 senkrecht gesuchten Ziffernfolge führt, und so weiter.

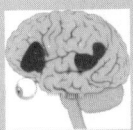

Wissenswertes

Wie lange würden Sie dafür brauchen, sich eine Tabelle mit 50 einstelligen Zahlen einzuprägen? Der russische Gedächtniskünstler Schereschewskii braucht dazu nur drei Minuten. Eine durch eine Laune der Natur entstandene spezielle „Verdrahtung" in seinem Gehirn, um es so zu formulieren, erzeugt in ihm lebhafte, unauslöschliche Bilder für alle Arten alltäglicher Daten, ob er es will oder nicht.

HILFESTELLUNG: Eine mögliche Lösung für die in 6 waagerecht gesuchte Ziffernfolge ist 745. Die in 10 senkrecht gesuchte Ziffernfolge ist 46829.

ADDITIONS-ZAHLENRÄTSEL 2

1	2	3						4	5	
	6		7				8			
		9		10		11				
			12		13					
				14						
			15				16			
		17				18		19		
	20						21		22	
23								24		

In jedes Kästchen kommt jeweils nur eine Ziffer; die Summe der eingesetzten Ziffern ergibt die in der jeweiligen Anweisung genannte Zahl. Keine Ziffer kommt pro gesuchte Ziffernfolge mehr als einmal vor; die Null wird nicht verwendet.

Bei allen gesuchten Zahlen (Ziffernfolgen) dieses Additions-Zahlenrätsels ist die letzte Ziffer gerade.

Waagerecht			**Senkrecht**		
1. 7	11. 16	18. 15	2. 10	8. 18	16. 7
4. 8	12. 35	20. 20	3. 21	10. 32	17. 18
6. 23	14. 22	21. 19	4. 18	11. 29	19. 21
8. 24	15. 34	23. 13	5. 13	13. 22	20. 13
9. 19	17. 18	24. 12	7. 21	15. 22	22. 10

Starthilfe: Arbeiten Sie sich von den Ecken des Rätselfeldes ausgehend nach innen vor. Wenn Sie berücksichtigen, dass keine Ziffer innerhalb derselben Ziffernfolge wiederholt werden darf, sind Sie in der Lage, die in 1 waagerecht gesuchten Ziffern zu finden, wobei ihre Reihenfolge nicht feststeht. Da Sie wissen, dass die letzte Ziffer gerade sein muss, können Sie eine dieser drei Ziffern ausschließen; die in 2 und 3 senkrecht gesuchten Ziffernfolgen werden Ihnen helfen, weitere Möglichkeiten auszuschließen.

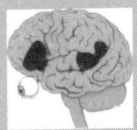

Wissenswertes

Lassen Sie sich von einer Freundin/einem Freund die ersten vier unten stehenden Zahlen laut vorlesen und wiederholen Sie sie. Wiederholen Sie das Ganze mit fünf Zahlen und so weiter; fahren Sie so lange damit fort, bis Sie einen Fehler machen. Wo liegt Ihr Limit? Bei fast jedem Menschen liegt die Grenze bei etwa sechs oder sieben Zahlen.

7, 12, 3, 5, 9, 11, 5, 1, 6, 2, 8, 7, 4, 15

HILFESTELLUNG: Eine mögliche Lösung für die in 10 senkrecht gesuchte Ziffernfolge ist 49586.

ADDITIONS-ZAHLENRÄTSEL 3

1	2	*8*	▓	3 *9*	4	5
6		▓	7 *9*	▓	8	
▓	9	10		11		▓
▓	▓	12			▓	▓
▓	13				14	▓
15		▓	*8*	▓	16	17
18		*6*	▓	19		

In jedes Kästchen kommt jeweils nur eine Ziffer; die Summe der eingesetzten Ziffern ergibt die in der jeweiligen Anweisung genannte Zahl. Keine Ziffer kommt pro gesuchte Ziffernfolge mehr als einmal vor; die Null sowie die Ziffern 3 und 4 werden nicht verwendet.

Bei allen gesuchten Zahlen (Ziffernfolgen) in diesem Additions-Zahlenrätsel ist die Ziffer gerade.

Waagerecht		Senkrecht	
1. 22	13. 32	1. 11	11. 19
3. 22	15. 15	2. 23	13. 23
6. 14	16. 11	4. 24	14. 17
8. 17	18. 16	5. 14	15. 11
9. 35	19. 19	7. 31	17. 10
12. 16		10. 21	

Starthilfe: Arbeiten Sie sich von den Ecken des Rätselfeldes ausgehend nach innen vor. Für die in 1 senkrecht gesuchte Ziffernfolge gibt es nur eine einzige mögliche Lösung, wenn Sie auf die für dieses Rätsel gültigen Einschränkungen achten. Aus diesem Grund gibt es für die in 1 und 6 waagerecht sowie die in 2 senkrecht gesuchten Ziffernfolgen ebenfalls nur eine einzige mögliche Lösung.

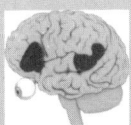

Wissenswertes

Durch die Anwendung einer Technik, mit deren Hilfe er Zahlen in Buchstaben und Laute überträgt, ist der in Österreich geborene Simultanübersetzer Hans Eberstark in der Lage, sich die Zahl *Pi* bis über 10.000 Stellen zu merken!

HILFESTELLUNG: Eine Lösungsmöglichkeit für die in 7 senkrecht gesuchte Ziffernfolge ist 95278.

90

ADDITIONS-ZAHLENRÄTSEL 4

1	2	8	9	■	3	4
5		■	■	6		
■	7		8		■	7
4	■	■	10		■	5
8	■	11			12	■
13	14		■	■	15	16
17		■	18 9	8		

In jedes Kästchen kommt jeweils nur eine Ziffer; die Summe der eingesetzten Ziffern ergibt die in der jeweiligen Anweisung genannte Zahl. Keine Ziffer kommt pro gesuchte Ziffernfolge mehr als einmal vor; die Null wird nicht verwendet.

Bei allen gesuchten Zahlen (Ziffernfolgen) in diesem Additions-Zahlenrätsel ist die letzte Ziffer ungerade.

Waagerecht		Senkrecht	
1. 30	11. 13	1. 9	9. 28
3. 17	13. 18	2. 21	11. 13
5. 8	15. 13	3. 17	12. 12
6. 18	17. 14	4. 24	14. 7
7. 23	18. 25	8. 7	16. 12
10. 11			

Starthilfe: Beginnen Sie mit den Ziffernfolgen in den teilweise ausgefüllten Kästchen. Wenn Sie berücksichtigen, dass innerhalb einer Ziffernfolge keine Ziffer zweimal vorkommen darf, können Sie die ersten beiden Ziffern der in 1 waagerecht gesuchten Ziffernfolge herausfinden, wobei Sie ihre Reihenfolge nicht kennen. Da die in 1 senkrecht gesuchte Ziffernfolge ungerade enden muss, können Sie eine der beiden Varianten für die in 1 waagerecht gesuchte Ziffernfolge ausschließen.

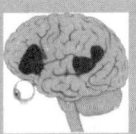

Wissenswertes

Schlafmangel wirkt sich nach den Erkenntnissen des Psychologen M. Mikulincer und seiner Kollegen vor allem auf die mathematischen Fähigkeiten negativ aus. Eine mit Mathematikstudenten durchgeführte Untersuchung ergab, dass sie nicht imstande waren, auch nur die einfachsten Berechnungen durchzuführen, wenn man sie aus einem Erholungsschlaf weckte, der einem 48-stündigen Schlafentzug folgte.

HILFESTELLUNG: Eine mögliche Lösung für die in 6 senkrecht gesuchte Ziffernfolge ist 6795.

ADDITIONS-ZAHLENRÄTSEL 5

1	2	3	■	4	5	
■	6		7			■
8	■	■	9			10
11	12	■	*5*	■	■	*8*
13		14		■	15	
■	16			17		■
18			■	19		*4*

In jedes Kästchen kommt jeweils nur eine Ziffer; die Summe der einge-setzten Ziffern ergibt die in der jeweiligen Anweisung genannte Zahl. Kei-ne Ziffer kommt pro gesuchte Ziffernfolge mehr als einmal vor; die Null und die Ziffer 9 werden nicht verwendet.

Bei allen gesuchten Zahlen (Ziffernfolgen) in diesem Additions-Zahlen-rätsel ist die letzte Ziffer gerade.

Waagerecht		Senkrecht	
1. 7	13. 26	2. 6	10. 18
4. 8	15. 11	3. 12	12. 24
6. 20	16. 28	4. 14	14. 19
9. 25	18. 17	5. 11	15. 19
11. 15	19. 18	7. 23	17. 15
		8. 21	

Starthilfe: Es empfiehlt sich, in der linken oberen Ecke des Rätselfeldes zu beginnen. Über 1 waagrecht sowie 2 und 3 senkrecht erhalten Sie die bei-den ersten Ziffern von 6 waagrecht und können damit auch die letzten drei Ziffern von 6 waagrecht ermitteln. Sie müssen nur noch die Reihenfolge der ersten beiden dieser drei Ziffern klären. (Denken Sie daran, dass alle gesuchten Ziffernfolgen gerade enden müssen.) Die in 4 senkrecht ge-suchte Ziffernfolge sowie die davon „abzweigenden" Ziffernfolgen helfen Ihnen bei der Bestimmung dieser Reihenfolge.

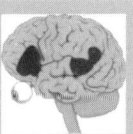

Wissenswertes

Einstein war kein Genie, was die von der linken Hemisphäre kontrol-lierten mathematischen Fähigkeiten betraf. Als Schüler quälte er sich mit der Arithmetik fast ebenso wie mit Fremdsprachen; und sogar während seiner Assistenzzeit an der Universität Princeton, nachdem er den Nobelpreis für Physik gewonnen hatte, bereitete es Einstein Schwierigkeiten, Studenten bei ihren Rechenhausaufgaben zu helfen.

HILFESTELLUNG: Eine Lösungsmöglichkeit für die in 7 senkrecht gesuchte Ziffernfolge ist 17564.

ADDITIONS-ZAHLENRÄTSEL 6

1	6	2	3	■	4	5
	■	6		7	■	8
■	8		■	9	10	
11		■	■	■	12	
13		14	■	15		■
8	■	16	17		■	18
19		■	20		6	

In jedes Kästchen kommt jeweils nur eine Ziffer; die Summe der eingesetzten Ziffern ergibt die in der jeweiligen Anweisung genannte Zahl. Keine Ziffer kommt pro gesuchte Ziffernfolge mehr als einmal vor; die Null wird nicht verwendet.

Bei allen gesuchten Zahlen (Ziffernfolgen) in diesem Additions-Zahlenrätsel ist die letzte Ziffer ungerade.

Waagerecht		Senkrecht	
1. 27	12. 14	1. 17	10. 24
4. 15	13. 15	2. 19	11. 28
6. 22	15. 13	3. 16	14. 12
8. 15	16. 19	5. 29	15. 22
9. 22	19. 12	7. 14	17. 10
11. 13	20. 27	8. 20	18. 13

Starthilfe: Die in 1 senkrecht gesuchte Ziffernfolge ist ein empfehlenswerter Anfang, da es nur eine mögliche Lösung gibt. (Denken Sie daran, dass alle gesuchten Ziffernfolgen ungerade enden müssen.) Als Nächstes können Sie die in 1 waagerecht gesuchte Ziffernfolge bestimmen.

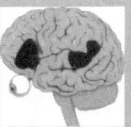

Wissenswertes

Im Gegensatz zu Erwachsenen ist es für kleine Kinder keine Selbstverständlichkeit, zu begreifen, dass das Zahlwort für das letzte Objekt in einer zu zählenden Reihe von Objekten gleichzeitig die Gesamtzahl der Objekte bezeichnet. Wie können Sie feststellen, dass Ihr Kind diesen Entwicklungsschritt erfolgreich bewältigt hat? Bitten Sie es ganz einfach, die Finger Ihrer Hand zu zählen. Dann fragen Sie es, wie viele Finger Sie haben. Wenn Ihr Kind die Finger noch einmal zählen muss, hat es den oben erwähnten Zusammenhang noch nicht begriffen.

HILFESTELLUNG: Die Lösung für die in 6 waagerecht gesuchte Ziffernfolge ist 679.

ADDITIONS-ZAHLENRÄTSEL 7

	1	2		3	4	
5				6		7
		8	9			
10		11		12		13
14	15			16	17	
	18 9	6	1	2	3	

Additions-Zahlenrätsel 7 **97**

In jedes Kästchen kommt jeweils nur eine Ziffer; die Summe der eingesetzten Ziffern ergibt die in der jeweiligen Anweisung genannte Zahl. Keine Ziffer kommt pro gesuchte Ziffernfolge mehr als einmal vor; die Null
wird nicht verwendet.
Für alle in waagerechter Richtung (nicht in senkrechter!) gesuchten
Zahlen gilt: Die letzte Ziffer ist ungerade.

Waagerecht			Senkrecht		
1. 13	6. 16	14. 19	1. 12	7. 9	12. 14
3. 14	8. 17	16. 20	2. 16	9. 15	13. 8
5. 15	11. 18	18. 21	3. 17	10. 10	15. 11
			4. 13	11. 20	17. 11
			5. 10		

Starthilfe: Beginnen Sie unten. Empfehlenswert ist es, mit 15 und 17 senkrecht anzufangen. Wenn Sie 15 senkrecht gelöst haben, finden Sie auch die
in 14 waagerecht und 11 senkrecht gesuchten Ziffernfolgen. Die in 11 waagerecht gesuchte Ziffernfolge hilft Ihnen, eine Lösung für 12 senkrecht
und anschließend für 16 waagerecht zu finden.

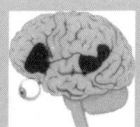

Wissenswertes

Camilla Benbow hat herausgefunden, dass eine große Zahl mathematisch begabter Studenten an Allergien leidet. Dies könnte die von Geschwind und Galaburda aufgestellte Theorie erhärten, dass ein hoher
Testosteronspiegel in der Gebärmutter sowohl das Immunsystem schädigen als auch die Entwicklung der linken Hemisphäre verlangsamen
kann, was zu einem beschleunigten Wachstum der rechten Hirnhälfte
und einer herausragenden räumlichen Vorstellungskraft führt.

Ziffernfolge ist 952.
schwieriger. Die passende Lösung für die in 2 senkrecht gesuchte
HILFESTELLUNG: Dieses Rätsel wird von unten nach oben stufenweise

ADDITIONS-ZAHLENRÄTSEL 8

1	2	3	*8*		4	5
6				7		
	8			9		
10		11	*7*			*2*
12	13			14	15	
16				17		18
19			20			

In jedes Kästchen kommt jeweils nur eine Ziffer; die Summe der eingesetzten Ziffern ergibt die in der jeweiligen Anweisung genannte Zahl. Keine Ziffer kommt pro gesuchte Ziffernreihe mehr als einmal vor; die Null wird nicht verwendet.

Bei allen Zahlen (Ziffernfolgen) in diesem Additions-Zahlenrätsel ist die letzte Ziffer gerade.

Waagerecht			**Senkrecht**		
1. 21	9. 19	16. 14	1. 17	5. 20	13. 20
4. 13	11. 22	17. 8	2. 18	7. 38	15. 9
6. 21	12. 16	19. 14	3. 32	10. 23	18. 10
7. 22	14. 15	20. 25	4. 24		
8. 14					

Starthilfe: Es ist empfehlenswert, mit 1 senkrecht zu beginnen, da es nur eine richtige Lösungsmöglichkeit gibt (denken Sie daran, dass jede gesuchte Ziffernfolge gerade endet). Auch die in 11 waagerecht gesuchte Ziffernfolge können Sie sofort herausfinden: Da keine Ziffer innerhalb einer einzigen Ziffernfolge wiederholt werden darf und jede Ziffernfolge gerade enden muss, gibt es nur eine einzige Lösungsmöglichkeit.

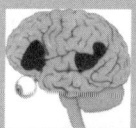

Wissenswertes

Die mathematischen Fähigkeiten, die auf räumlichem Vorstellungsvermögen beruhen, sind im Durchschnitt bei Männern besser ausgebildet. Wahrscheinlich ist dies teilweise auf biologische Unterschiede zurückzuführen: In Tests mit Probanden verschiedener Kulturen zeigte sich, dass Männer in einigen Aspekten des räumlichen Denkens etwas besser abschnitten als Frauen.

HILFESTELLUNG: Die richtige Lösung für die in 7 senkrecht gesuchte Ziffernfolge ist 576938.

ADDITIONS-ZAHLENRÄTSEL 9

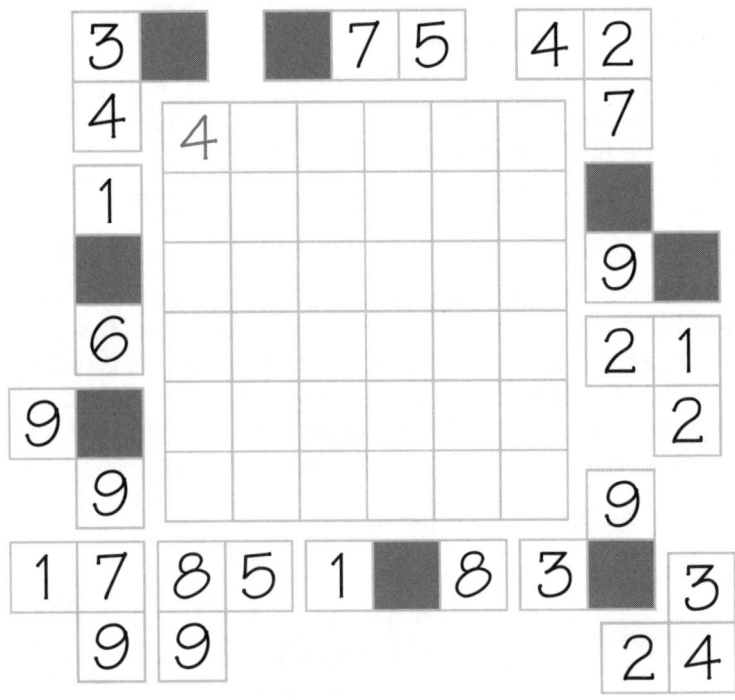

Starthilfe: Es gibt nur eine mögliche Auswahl von Ziffern für die in 3 senkrecht gesuchte Ziffernfolge; die in 1 waagerecht gesuchte Ziffernfolge hilft Ihnen, die Reihenfolge dieser Ziffern zu bestimmen. Die in 10 waagerecht gesuchte Ziffernauswahl ist auch klar. Und es gibt nur eine mögliche Lösung für die in 4 waagerecht gesuchte Ziffernfolge. Wir haben das erste Kästchen ausgefüllt, um Ihnen den Anfang zu erleichtern.

Gehen Sie wie bei einem normalen Additions-Zahlenrätsel vor. Das heißt: In jedes Kästchen kommt jeweils nur eine Ziffer; die Summe der eingesetzten Ziffern ergibt die in der jeweiligen Anweisung genannte Zahl. Zuerst jedoch müssen Sie sich Ihr Rätselgitter erstellen, indem Sie das Kästchen am Ende der jeweils gesuchten Ziffernfolge schwärzen und die Kästchen entsprechend nummerieren. Die in 1 waagerecht gesuchte Ziffernfolge ist zum Beispiel dreistellig – also müssen Sie das vierte Kästchen schwärzen. (Die eingeklammerte Zahl in der Anweisung bezeichnet die Anzahl der Ziffern.) Weiterhin können Sie feststellen, dass die in 4 waagerecht gesuchte Ziffernfolge aus zwei Stellen besteht; damit haben Sie die Einteilung der ersten Kästchenreihe abgeschlossen. In der zweiten Reihe wird in 5 waagerecht eine vierstellige Ziffernfolge gesucht. Um herauszufinden, wohin genau sie gehört, überprüfen Sie die vertikalen Ziffernfolgen und schwärzen Sie das Kästchen am Ende der jeweiligen Ziffernfolge. Die in 1 waagerecht gesuchte Ziffernfolge beginnt in der linken oberen Ecke des Rätselfeldes.

In diesem Additions-Zahlenrätsel gibt es keine zusammenstoßenden schwarzen Kästchen. Bei allen gesuchten Zahlen (Ziffernfolgen) ist die letzte Ziffer ungerade. Keine Ziffer kommt pro gesuchter Ziffernfolge mehr als einmal vor; die Null wird nicht verwendet.

Waagerecht		Senkrecht	
1. 7 (3)	10. 10 (4)	2. 9 (2)	7. 10 (2)
4. 17 (2)	12. 26 (4)	3. 15 (5)	9. 16 (2)
5. 13 (4)	14. 15 (2)	4. 12 (3)	11. 19 (3)
8. 13 (4)	15. 21 (3)	6. 17 (5)	13. 14 (2)

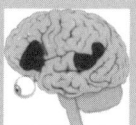

Wissenswertes

Hyde, Fennema und Lamon berichten, dass in der Grundschule die Mädchen beim Rechnen besser abschneiden als die Jungen.

HILFESTELLUNG: Die in 5 waagerecht gesuchte Ziffernfolge ist 7213.

ADDITIONS-ZAHLENRÄTSEL 10

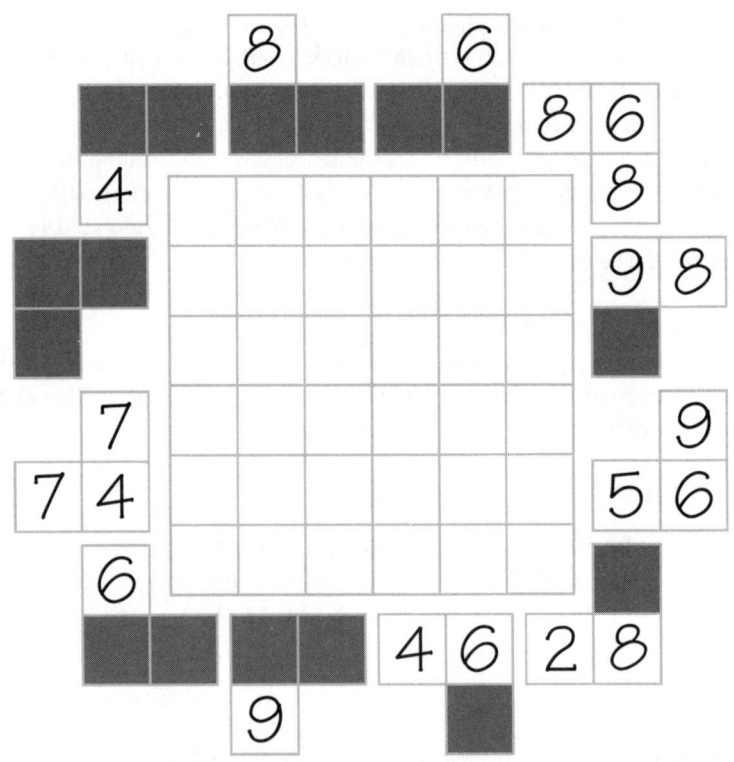

In jedes Kästchen kommt jeweils nur eine Ziffer; die Summe der eingesetzten Ziffern ergibt die in der jeweiligen Anweisung genannte Zahl. Zuerst jedoch müssen Sie sich Ihr Rätselgitter erstellen, indem Sie das Kästchen am Ende der jeweils gesuchten Ziffernfolge schwärzen und die Kästchen entsprechend nummerieren. Die Anzahl der Ziffern der jeweils gesuchten Ziffernfolge steht in der Anweisung in Klammern. Keine Ziffer kommt pro gesuchte Ziffernfolge mehr als einmal vor; die Null wird nicht verwendet.

Bei allen gesuchten Zahlen (Ziffernfolgen) in diesem Additions-Zahlenrätsel ist die letzte Ziffer gerade. Die Struktur des Rätselgitters weist sowohl eine vertikale als auch eine horizontale Spiegelsymmetrie auf (wobei sich beide Spiegelachsen in der Mitte des Rätselgitters schneiden).

Waagerecht

1. 17 (2)	8. 14 (2)
3. 10 (2)	9. 27 (4)
4. 30 (4)	11. 11 (2)
7. 11 (2)	12. 10 (2)

Senkrecht

2. 14 (2)	6. 25 (4)
3. 12 (2)	9. 15 (2)
5. 30 (4)	10. 6 (2)

Starthilfe: Nachdem Sie die Struktur des Rätselgitters ermittelt haben, ist klar, dass es für 1 waagerecht nur eine einzige mögliche Lösung gibt. Daraus erhalten Sie die Lösung von 2 senkrecht, wodurch Sie wiederum die in 4 waagerecht gesuchte Ziffernfolge herausfinden.

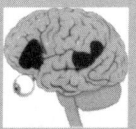

Wissenswertes

Die „menschliche Rechenmaschine" Alexander Craig Aitken war im Stande, jedes beliebige Paar dreistelliger Zahlen – beispielsweise 374 und 719 – in zwei Sekunden miteinander zu multiplizieren.

HILFESTELLUNG: Die weißen Kästchen des Rätselfeldes ergeben die Form eines X. Die in 6 senkrecht gesuchte Ziffernfolge ist 7468.

ADDITIONS-ZAHLENRÄTSEL 11

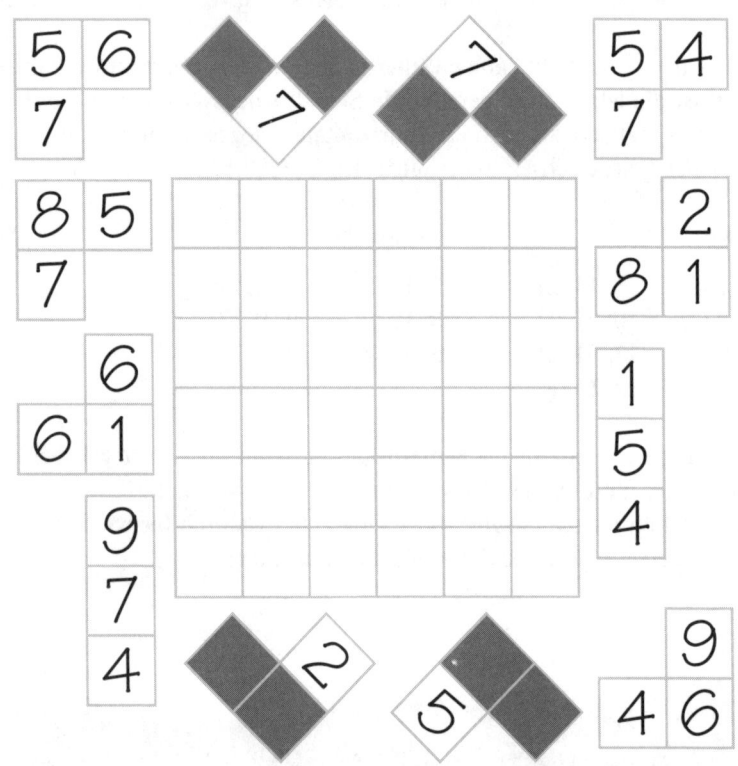

In jedes Kästchen kommt jeweils nur eine Ziffer; die Summe der eingesetzten Ziffern ergibt die in der jeweiligen Anweisung genannte Zahl. Zuerst jedoch müssen Sie sich Ihr Rätselgitter erstellen, indem Sie das Kästchen am Ende der jeweils gesuchten Ziffernfolge schwärzen, und die Kästchen entsprechend nummerieren. Die Anzahl der Ziffern der jeweils gesuchten Ziffernfolge steht in der Anweisung in Klammern. Keine Ziffer kommt pro gesuchte Ziffernfolge mehr als einmal vor; die Null wird nicht verwendet.

In diesem Additions-Zahlenrätsel liegen in der dritten und vierten Reihe jeweils zwei schwarze Kästchen direkt nebeneinander.

Waagerecht		**Senkrecht**	
1. 16 (3)	9. 22 (4)	1. 18 (3)	8. 20 (3)
3. 13 (2)	12. 18 (3)	2. 11 (3)	10. 20 (3)
5. 13 (2)	14. 9 (2)	3. 15 (2)	11. 9 (3)
6. 10 (3)	15. 10 (2)	4. 7 (2)	12. 9 (2)
7. 21 (4)	16. 16 (3)	6. 10 (3)	13. 15 (2)

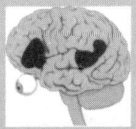

Wissenswertes

Die beiden Wissenschaftler Benbow und Stanley, deren Forschungsgebiet die Entwicklung der mathematischen Fähigkeiten ist, erklären, dass in den USA die Jungen etwa ab der siebten Klasse die Mädchen in Mathematik überflügeln. Hyde und seine Kollegen indessen berichten, dass die geschlechtsspezifischen Unterschiede zurückgehen.

HILFESTELLUNG: Die in 7 waagerecht gesuchte Ziffernfolge ist 6195.

ADDITIONS-ZAHLENRÄTSEL 12

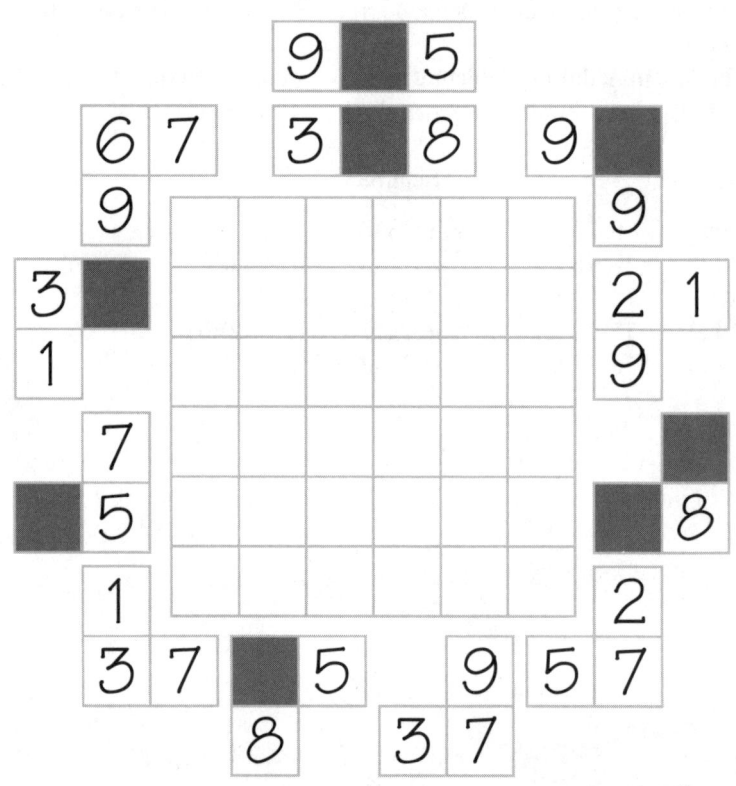

In jedes Kästchen kommt jeweils nur eine Ziffer; die Summe der eingesetzten Ziffern ergibt die in der jeweiligen Anweisung genannte Zahl. Zuerst jedoch müssen Sie sich Ihr Rätselgitter erstellen, indem Sie das Kästchen am Ende der jeweils gesuchten Ziffernfolge schwärzen und die Kästchen entsprechend nummerieren. Die Anzahl der Ziffern der jeweils gesuchten Ziffernfolge steht in der Anweisung in Klammern. Keine Ziffer kommt pro gesuchte Ziffernfolge mehr als einmal vor; die Null wird nicht verwendet.

In diesem Additions-Zahlenrätsel gibt es keine zusammenstoßenden schwarzen Kästchen, weder in vertikaler noch in horizontaler Richtung.

Ferner ist bei allen gesuchten Zahlen (Ziffernfolgen) die letzte Ziffer ungerade.

Waagerecht

1. 6 (3)	10. 22 (3)
3. 17 (2)	12. 12 (3)
5. 16 (2)	14. 10 (2)
6. 15 (3)	16. 12 (2)
7. 22 (3)	17. 18 (3)

Senkrecht

1. 11 (2)	8. 23 (3)
2. 13 (3)	9. 9 (3)
3. 11 (2)	11. 13 (3)
4. 21 (3)	13. 9 (2)
6. 21 (3)	15. 16 (2)

Starthilfe: Beginnen Sie mit 1 waagerecht und fahren Sie mit 1 senkrecht und 5 waagerecht fort; auch für die in 3 waagerecht gesuchte Ziffernfolge gibt es nur eine einzige mögliche Lösung.

Wissenswertes

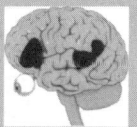

Die Neuroanatomin Sandra Witelson hat seit 1977 Autopsien an hunderten von Krebspatienten durchgeführt, um geschlechtsspezifische Unterschiede im Corpus callosum – der Nervenbrücke, die die beiden Hemisphären miteinander verbindet – zu erforschen. Sie hat herausgefunden, dass der Corpus callosum bei Männern im Verlauf des Alterungsprozesses schrumpft, während er bei Frauen seine Größe beibehält.

HILFESTELLUNG: Die in 2 senkrecht gesuchte Ziffernfolge ist 175.

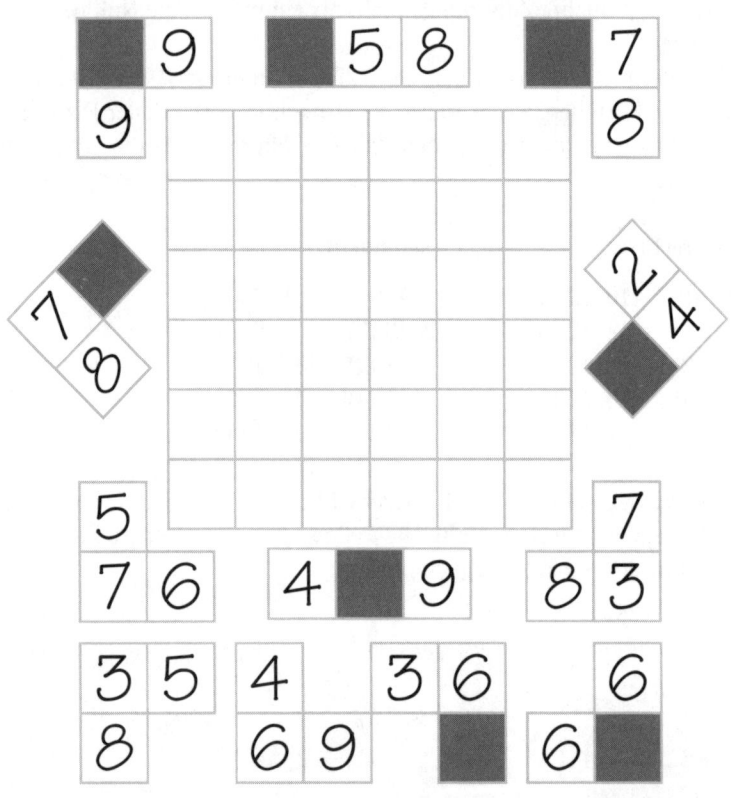

ADDITIONS-ZAHLENRÄTSEL 13

108

In jedes Kästchen kommt jeweils nur eine Ziffer; die Summe der eingesetzten Ziffern ergibt die in der jeweiligen Anweisung genannte Zahl. Zuerst jedoch müssen Sie sich Ihr Rätselgitter erstellen, indem Sie das Kästchen am Ende der jeweils gesuchten Ziffernfolge schwärzen und die Kästchen entsprechend nummerieren. Die Anzahl der Stellen der jeweils gesuchten Ziffernfolge steht in der Anweisung in Klammern. Keine Ziffer kommt pro gesuchte Ziffernfolge mehr als einmal vor; die Null wird nicht verwendet.

In diesem Additions-Zahlenrätsel gibt es keine nebeneinander liegenden schwarzen Kästchen, weder in vertikaler noch in horizontaler Richtung. Bei allen gesuchten Ziffernfolgen ist die letzte Ziffer gerade.

Waagerecht		Senkrecht	
1. 12 (3)	9. 33 (5)	1. 11 (2)	7. 17 (2)
3. 11 (2)	10. 10 (2)	2. 25 (5)	8. 9 (2)
5. 13 (2)	12. 14 (2)	4. 12 (3)	9. 24 (3)
7. 30 (5)	13. 23 (3)	6. 30 (5)	11. 15 (2)

Starthilfe: Da es für die in 9 senkrecht und 7 senkrecht gesuchten Ziffernfolgen nur eine mögliche Lösung gibt, ist es empfehlenswert, hier zu beginnen.

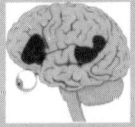

Wissenswertes

Nach Angaben der Wissenschaftler Benbow, Witelson, Geschwind und Galaburda sind Linkshänder überdurchschnittlich talentiert in Mathematik. Bei Linkshändern sind die beiden Hemisphären in der Regel weniger auf Rechts- bzw. Linksseitigkeit spezialisiert. Daraus könnte ihnen ein Vorteil erwachsen, weil die für Rechenoperationen zuständigen speziellen Zellgruppen in höherem Maße über beide Hirnhälften verteilt sind.

HILFESTELLUNG: Die in 2 senkrecht gesuchte Ziffernfolge ist 45736.

DAS VON DER LINKEN HEMISPHÄRE KONTROLLIERTE ERINNERUNGSVERMÖGEN

FÜNF ÜBUNGEN FÜR DAS VISUELLE ERINNERUNGSVERMÖGEN

SELBSTTEST: KREATIVES IMAGINIEREN

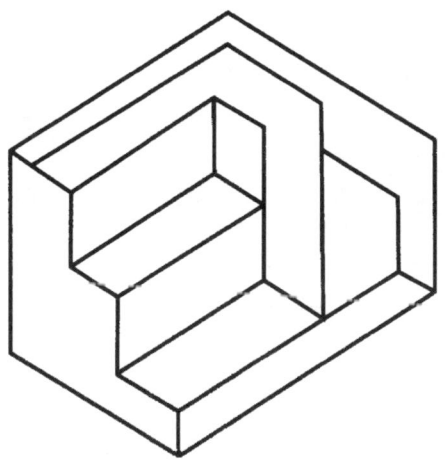

ALLES ÜBER DAS VON DER LINKEN HEMISPHÄRE KONTROLLIERTE ERINNERUNGSVERMÖGEN

Wenn Sie sich Dinge einprägen, arbeiten beide Hemisphären – bisweilen unpräzise – zusammen. Wenn Sie etwas wirklichkeitsgetreu abzeichnen und dabei nach Betty Edwards' Methode vorgehen wollen, müssen Sie zuerst die von Ihrer linken Hemisphäre produzierten Vorstellungen ablegen, wie das Objekt aussehen *sollte*, und nur das reproduzieren, was Sie tatsächlich vor sich sehen. Die linke Hirnhälfte besitzt den von dem Neurowissenschaftler Michael Gazzaniga so bezeichneten „Interpretations-Mechanismus", während die rechte Hemisphäre die Objekte eher so sieht, wie sie wirklich sind. Wenn Sie also visuelle Eindrücke mit der rechten Hirnhälfte aufnehmen, benützen Sie die *neutralere* Seite, ungeachtet dessen, was man im Allgemeinen über die angeblich größere Kreativität der rechten Hemisphäre sagt.

Aber was tun, wenn Sie sich irgendetwas *einprägen* möchten? Gazzaniga weist darauf hin, dass „unser Gehirn darauf ausgerichtet ist, das Wesentliche zu behalten, nicht die Details". Wenn Sie sich also etwas einprägen wollen, *verleihen sie ihm Bedeutung*, indem Sie es zu etwas anderem, das Sie kennen, in Beziehung setzen. Seinen Forschungsergebnissen zufolge konzentriert sich die linke Hirnhälfte auf die subjektiven Bedeutungen, während die rechte Hemisphäre wirklichkeitsgetreuer und detailorientierter arbeitet.

Bisweilen kann sich die linke Hirnhälfte derart anstrengen, neutralen Eindrücken eine Bedeutung zu verleihen, dass sie die Fakten ändert. Lesen Sie sich beispielsweise die folgende Liste von Wörtern durch, decken Sie die Liste dann zu und schreiben Sie alle Wörter auf, an die Sie sich erinnern:

Bett, Schlummer, Traum, schläfrig, Kissen, müde, Nickerchen, gähnen, dösen, schnarchen

Wahrscheinlich werden Sie sich nicht nur an einige in der Liste vorkommenden Wörter erinnern, sondern auch an ein Wort, das nicht dabeisteht: *Schlaf.* Da die Wörter alle einer einzigen Themengruppe angehören, sind sie einfacher zu behalten als eine Auflistung beliebiger Wörter, aber es vergrößert auch die Wahrscheinlichkeit, dass Sie fälschlicherweise ein Wort einfügen, das zum Themenkreis passt, aber nicht dasteht.

Dieser kleine Selbsttest demonstriert eine einfache, aber wichtige Tatsache: Erinnerung ist keine objektive „Bandaufnahme" von Daten unserer Umwelt, sondern ein höchst subjektiver, *kreativer* Prozess, der sich sowohl auf Vorurteile und Allgemeinwissen, wie die Welt aussehen beziehungsweise funktionieren *sollte*, gründet, als auch auf die tatsächlichen Fakten. Oder um es mit den Worten des Gedächtnisforschers F.C. Bartlett zu sagen: „Die Erinnerung an ein Ereignis gibt eine Mischung von Informationen wieder, die sich aus einem bestimmten Eindruck dieses Ereignisses sowie aus anderen Quellen stammendem Wissen, Erwartungen und Annahmen zusammensetzt, die alle zusammen aus dem Gedächtnis abgerufen werden."

Aktuelle Ergebnisse von Untersuchungen, die an hirngeschädigten Patienten und solchen mit einem durchtrennten Balken durchgeführt wurden, sowie auch Resultate von PET-Scan-Untersuchungen normaler gesunder Erwachsener lassen erkennen, dass diese „anderen Quellen" ihren Sitz häufg in der linken Hemisphäre haben. Gazzaniga und die an der Universität Yale tätige Forscherin Elizabeth Phelps haben nachgewiesen, dass die linke Hirnhälfte häufig scheinbar „logische" Ausschmückungen von Erinnerungen vornimmt. Gazzaniga und sein Kollege Michael Miller aus Dartmouth demonstrierten mittels PET-Scans, dass sich die Aktivität der linken Hemisphäre bei der Erzeugung falscher Erinnerungen erhöht. Elizabeth Loftus, eine Psychologin der University of Washington, ist die vielleicht bekannteste Forscherin auf dem Gebiet der Formbarkeit und Fehlbarkeit des menschlichen Erinnerungsvermögens. Ihre fachlichen Gutachten wurden bei etlichen Strafprozessen verwendet, in denen ein Elternteil, ein Lehrer oder Hausmeister der sexuellen Belästigung eines Kindes angeklagt war. Das Problem liegt darin, dass die Beweise dafür überwiegen, dass kleine Kinder extrem leicht suggestiv zu lenken sind und sich durch die Erwartungen der Person, von der sie befragt werden, außerordentlich stark beeinflussen lassen. Kleine Kinder sind nicht in dem Maße wie Erwachsene fähig, die Quelle von Gedanken oder Bildern, die ihnen in den Sinn kommen und sich mit anderen Erinnerungen vermischen, genau zu bestimmen. Das ist nicht ihre Schuld. Die Vorderlappenregionen des Gehirns, die für die Erinnerung daran verantwortlich sind, wo, wann und wie ein Erlebnis oder ein Bild sich dem Gedächtnis eingeprägt hat, sind bei kleinen Kindern relativ wenig entwickelt. Daher vermengen sie ursprüngliche Erinnerungen mit anderen, aktuelleren Bildern, die die ursprünglichen Erinnerungen während des Prozesses verändern oder überlagern, und die Kinder wissen oft einfach nicht, dass sie nicht die Wahrheit sagen.

Wir leiden alle bis zu einem gewissen Grad an diesem „Durcheinander", selbst wenn sich unsere Vorderlappen voll ausgebildet haben. Loftus hat ein einfaches, aber geniales Experiment entworfen, um die Theorie zu überprüfen, dass das Gehirn in irgendeinem verborgenen Ort Erinnerungen in unveränderter Form speichert. Wenn jemand eine Person sieht, die ein Buch mit einem gelben Einband liest, und später gefragt wird: „Hast du die Person gesehen, die das Buch mit dem blauen Einband gelesen hat?", ist es wahrscheinlich, dass der Befragte seine ursprüngliche Erinnerung verändert. Wenn er danach erneut ausführlich befragt wird, wird der Zeuge in der Regel an der falschen Aussage festhalten, die Person habe ein Buch mit einem blauen Einband gelesen. Wenn aber eine ursprüngliche, exakte Erinnerung neben der veränderten existiert, argumentierte Loftus, sollte dieses Wissen bei der Befragung an die Oberfläche kommen, wenn der Zeuge gedrängt wird zu raten, welche *andere* Farbe der Einband des Buches „eventuell gehabt haben könnte". Daraufhin nannten dreimal so viele Probanden die Farbe, die Blau im Farbspektrum folgt – nämlich Grün – und anschließend Gelb.

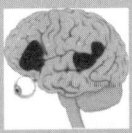

Wissenswertes

Fällt es Ihnen leichter, mit der rechten oder der linken Hand rhythmisch zu klopfen, während Sie sprechen? Für die meisten Menschen ist es leichter mit der linken Hand. Die Tätigkeiten, die einander am wenigsten in die Quere kommen, werden in der Regel von verschiedenen Hemisphären kontrolliert. Wenn Sie also für Sprache Linkshirn-dominant sind, wie die meisten Menschen, dann wird das Klopfen mit der rechten Hand von der gleichen Gehirnhälfte kontrolliert, wodurch Verwirrung entsteht.

GEDÄCHTNISTRAINING 1

See
Fluss
Sandbank
Ozean
Küste
Felsen
Leuchtturm
Teleskop
Kalender
Sonnenuhr
Uhr
Armbanduhr
Zeit

Sie haben etwa eine Minute Zeit, sich die Wörter auf der links stehenden Liste einzuprägen. Decken Sie anschließend die Liste ab, beschäftigen Sie sich einige Minuten mit etwas anderem und versuchen Sie dann, die folgenden Fragen zu beantworten:

1. Können Sie sich an ein mit „U" beginnendes Wort erinnern?
   (Hinweis: „Auerochse")
2. Können Sie sich an ein mit „B" beginnendes Wort erinnern?
   (Hinweis: „Ersparnisse")

Wenn Sie sich an eines der beiden Wörter oder an beide Begriffe nicht erinnern können, versuchen Sie, die zwei folgenden Fragen zu beantworten:

1. Können Sie sich an ein Wort aus der Liste erinnern, das mit „U" beginnt?
   (Hinweis: „Chronometer")
2. Können Sie sich an ein Wort aus der Liste erinnern, das mit „S" anfängt?
   (Hinweis: „Sandige Insel")

Welche Fragengruppe war einfacher zu beantworten? In der zweiten Version halfen Ihnen die Hinweise, denselben Kontext zu rekonstruieren, in dem Sie sich die Wörter auf der Liste eingeprägt haben, und auf diese Weise das in der linken Hemisphäre lokalisierte semantische Erinnerungsvermögen in passender Art und Weise zu aktivieren.

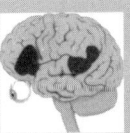

Wissenswertes

Die Gedächtnisforscher Endel Tulving und Donald Thomson formulierten das folgende kodierende Spezifikationsprinzip, das erklärt, weshalb wir uns an einem einzigen wesentlichen Faktum orientieren, um uns an etwas zu erinnern: „Die Wahrscheinlichkeit, sich an ein Ereignis zu erinnern, hängt mit dem Ausmaß zusammen, in dem spezielle Merkmale, die zur Zeit der Speicherung dieses Ereignisses verarbeitet wurden, auch zum Zeitpunkt der wiederkehrenden Erinnerung dieses Ereignisses verarbeitet werden."

GEDÄCHTNISTRAINING 2

Thomas trug einen komischen Schnurrbart.

Harold malte eine sternenklare Nacht.

Sandra trug gerne Baskenmützen.

Tim wollte seine Bandaufnahmen nicht aufgeben.

Leonard war ein glänzender Physiker.

Melvin hatte einen inspirierenden Traum über die Gleichheit der Menschen aller Hautfarben.

Martin hatte einen inspirierenden Traum über die Gleichheit der Menschen aller Hautfarben.

Albert war ein glänzender Physiker.

Richard wollte seine Bandaufnahmen nicht aufgeben.

Monica trug gerne Baskenmützen.

Vincent malte eine sternenklare Nacht.

Adolf trug einen komischen Schnurrbart.

Lesen Sie zuerst die richtig herum gedruckten Aussagen der obigen Liste. Decken Sie dann die Liste ab und versuchen Sie die folgenden Fragen zu beantworten:

Wer trug einen komischen Schnurrbart?
Wer malte eine sternenklare Nacht?
Wer trug gerne Baskenmützen?
Wer wollte seine Bandaufnahmen nicht aufgeben?
Wer war ein glänzender Physiker?
Wer hatte einen inspirierenden Traum über die Gleichheit der Menschen aller Hautfarben?

Überprüfen Sie Ihre Antworten und notieren Sie sich die Anzahl der richtigen. Nun drehen Sie das Buch und prägen Sie sich die auf dem Kopf stehenden Aussagen der obigen Liste ein. Versuchen Sie noch einmal, die Fragen zu beantworten. Wie viele haben Sie diesmal richtig?

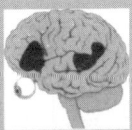

Wissenswertes

Das Erinnerungsvermögen funktioniert nicht wie eine Kamera. Fakten, die mit bereits vorhandenen Kenntnissen in Beziehung stehen oder von diesen bestätigt werden, kann man sich leichter einprägen als irgendwelche beliebige Daten. Zudem können Sie sich Informationen besser merken, wenn Sie sich ein subjektives Urteil über den Grad der Sympathie für die mit der Information verbundenen Person bilden. Dies demonstrierten die Psychologen Bower und Karlin in einer 1974 veröffentlichten Studie.

GEDÄCHTNISTRAINING 3

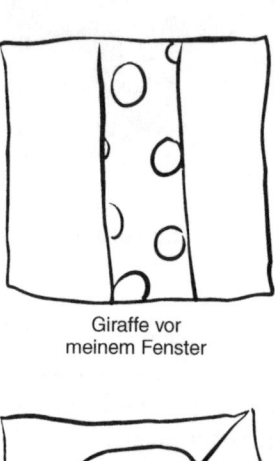

Giraffe vor
meinem Fenster

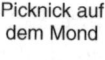

Picknick auf
dem Mond

Kätzchen auf
den Schlüsseln

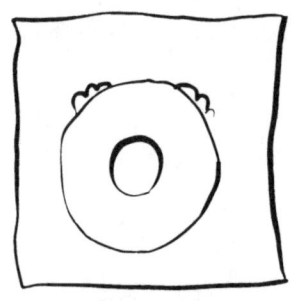

Siesta auf dem
Bürgersteig

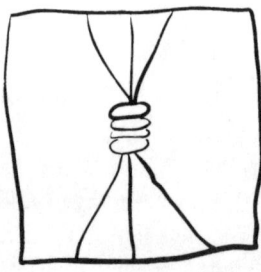

Geldquelle

Schiff, das zu spät
zur Rettung einer
ertrinkenden
Katze kommt

Sehen Sie sich jede der links stehenden Zeichnungen etwa eine halbe Minute lang konzentriert an und achten Sie auf die darunter stehenden Titel. Decken Sie diese dann mit einem Blatt Papier ab und versuchen Sie, sie mithilfe der unten stehenden Titelliste so exakt wie möglich wiederzugeben.

Schiff, das zu spät zur Rettung einer ertrinkenden Katze kommt
Giraffe vor meinem Fenster
Siesta auf dem Bürgersteig
Picknick auf dem Mond
Geldquelle
Kätzchen auf den Schlüsseln

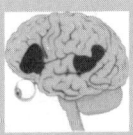

Wissenswertes

Die Gedächtnisforscherin Elizabeth Loftus hat gezeigt, wie die Formulierung einer Frage die Antwort auf diese Frage beeinflussen kann. In einem von ihr durchgeführten Experiment gaben Probanden auf die Frage „Haben Sie häufig Kopfschmerzen, und wenn, wie häufig?" die Anwort: „Etwa 2,2 Mal pro Woche." Wurde die Frage folgendermaßen formuliert: „Haben Sie gelegentlich Kopfschmerzen, und wenn, wie oft?", lautete die Antwort: „Ungefähr 0,7 Mal pro Woche." Ihre Forschungsergebnisse führten zur Änderung der Richtlinien polizeilicher Befragungen bei der Vernehmung von Zeugen in Strafsachen.

GEDÄCHTNISTRAINING 4

Decken Sie die untere Gruppe der links stehenden Figuren ab und betrachten Sie die oberen zehn Figuren. Beurteilen Sie bei jeder Figur so rasch wie möglich, ob sie „möglich" ist oder nicht – das heißt, ob sie eine Figur darstellt, die in einem dreidimensionalen Raum existieren könnte. Danach drehen Sie das Buch auf den Kopf und beurteilen die untere Figurengruppe – wiederum möglichst schnell – in gleicher Weise.

Wenn Sie damit fertig sind, achten Sie darauf, dass zwei der dreidimensionalen sowie zwei der im dreidimensionalen Raum nicht vorstellbaren Figuren aus der ersten Gruppe auch in der zweiten vorkommen. Sind Sie beim zweiten Mal rascher zu einer Entscheidung im Hinblick auf die Formen gelangt? Von Daniel Schacter und Lynn Cooper durchgeführte Experimente haben gezeigt, dass Versuchspersonen in Bezug auf die dreidimensionalen Figuren schneller zu einem Urteil gelangen, wenn sie diese vorher schon einmal gesehen haben – jedoch nicht im Hinblick auf die im dreidimensionalen Raum nicht vorstellbaren Formen. Dies zeigt, dass wir uns an nicht vertraute Objekte erinnern, wenn wir sie einmal gesehen haben, aber nur dann, wenn sie eine konsistente Gesamtstruktur haben.

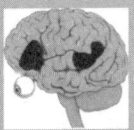

Wissenswertes

Sie nehmen vielleicht an, dass eine solche visuelle Denksportaufgabe speziell die rechte Hemisphäre aktivieren würde, aber das ist nicht ganz zutreffend. Mittels einer PET-Scan-Studie haben Schacter und Kollegen gezeigt, dass bei der Beurteilung einer neuen Form die Hirnregion aktiviert wird, wo der rechte Schläfenlappen und der rechte Hinterhauptlappen zusammentreffen, vor allem auf der rechten Seite. Wenn der Proband eine „mögliche" Figur sieht, wird auch die linke Seite aktiviert.

GEDÄCHTNISTRAINING 5

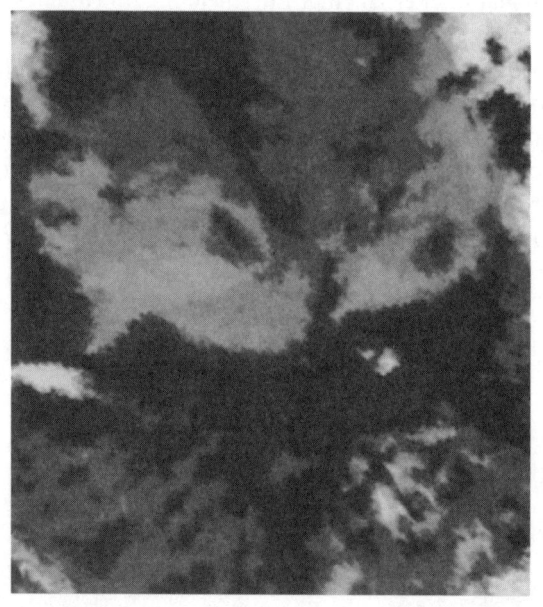

Links sehen Sie das auf dem Kopf stehende Bild eines Objekts. Bevor Sie das Buch drehen, um herauszufinden, um welches Objekt es sich handelt, lesen Sie den folgenden Begriff: *wollig weich*. Nun drehen Sie das Buch auf den Kopf, versuchen Sie das Objekt zu identifizieren und lesen Sie anschließend den Rest der Anleitung.

Wenn es Ihnen immer noch schwer gefallen ist herauszufinden, was auf dem Bild abgebildet ist, werfen Sie einen Blick auf die HILFESTELLUNG unten auf dieser Seite und betrachten Sie das Bild erneut. Erkennen Sie jetzt, was es ist?

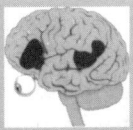

Wissenswertes

Wenn Sie versuchen, ein schwierig zu erkennendes Objekt zu identifizieren, hilft es Ihnen weiter, wenn Ihr Wahrnehmungsvermögen durch einen gleichartigen Anhaltspunkt „vorbereitet" wird. Endel Tulvings kodierendes Spezifikationsprinzip besagt, dass die Wahrscheinlichkeit, sich an ein Ereignis zu erinnern, steigt, wenn ein spezielles Merkmal auf die Art und Weise hinweist, wie Sie über dieses Ereignis dachten, als es stattfand. Etwas Ähnliches spielt sich ab, wenn Sie Schwierigkeiten haben, einem Gesicht einen Namen zuzuordnen, wenn Sie es außerhalb seines gewohnten Kontextes sehen (wenn Sie beispielsweise unerwartet einen Angestellten Ihrer Bank, mit dem Sie nicht näher bekannt sind, am Wochenende in einem Restaurant treffen).

 HILFESTELLUNG:

SELBSTTEST

Kreatives Imaginieren

Ihre Empfänglichkeit für Hypnose und Suggestion

Der Gehirnforscher Michael Gazzaniga weist darauf hin, dass Ihre linke Hemisphäre Ereignisse häufig überinterpretiert und auf diese Weise falsche Erinnerungen erzeugt. Es ist beispielsweise ein recht verbreitetes Phänomen, dass Menschen von irgendetwas, das sie lesen, auf einen guten Einfall gebracht werden und dieser Einfall in ihrer Erinnerung fälschlicherweise zu ihrer eigenen Idee wird – besonders dann, wenn sie zu der Überzeugung gelangen, dass die neue gute Idee mit etwas übereinstimmt, woran sie bereits gedacht haben. Diese Art unabsichtlichen Plagiierens vollzieht sich automatisch und unbewusst.

Sehr wahrscheinlich interagiert der „Interpretationsmechanismus" der linken Hemisphäre mit anderen Hirnfunktionen, die ebenfalls dazu beitragen, den Unterschied zwischen Realität und Fantasie zu verwischen – beispielsweise Ihre bildliche Vorstellungskraft, bei deren Erzeugung Ihre rechte Hirnhälfte eine wichtige Rolle spielt. Die Wissenschaftler Loftus, Levidow und Duensing, die sich mit der Erforschung der Funktion der Erinnerung beschäftigen, haben entdeckt, dass besonders Künstler und Architekten dazu neigen, irreführende Suggestionen in ihre Erinnerungen zu integrieren. Dasselbe gilt für kleine Kinder. Menschen, bei denen die Wahrscheinlichkeit groß ist, dass sie als Reaktion auf Fehlinformationen falsche Erinnerungen erzeugen, erzielen in der Regel eine höhere Punktezahl in Tests, die ihre Fähigkeit messen, auf Anweisung lebhaft zu visualisieren. Ein solcher Test ist beispielsweise die so genannte kreative Imaginationsskala, die auch dafür verwendet wird, um Ihre hypnotische Suggestibilität zu bestimmen. Einige Forscher haben des Weiteren herausgefunden, dass die Bestimmung Ihres Bedürfnisses nach sozialer Erwünschtheit (zum Beispiel die Skala von Crown und Marlowe) helfen kann, Ihre hypnotische Suggestibilität und den Grad Ihrer suggestiven Beeinflussbarkeit vorauszusagen. Der Psychobiologe Robert Cloninger von der Washington University in St. Louis vertritt die Ansicht, dass die Belohnungsabhängigkeit von der Konzentration des Neurotransmitters Noradrenalin abhängt, der größtenteils mit der rechten Hemisphäre interagiert.

Für diesen Selbsttest (der nach dem Vorbild eines Teils von Wilsons und Barbers kreativer Imaginationsskala gestaltet ist) brauchen Sie jemanden, der die Rolle des „Hypnotiseurs" übernimmt und Ihnen langsam die folgenden Textpassagen vorliest, während Sie sich mit geschlossenen Augen auf das Gehörte konzentrieren.

Teil eins: „Bitte schließ deine Augen und setz dich bequem hin. Leg deine linke Hand mit der Handfläche nach oben in deinen Schoß.

Stell dir vor, dass Novokain in den kleinen Finger deiner linken Hand injiziert wird. Du spürst den kleinen Stich der Nadel an deiner Fingerspitze und dann fängt dein Finger an zu kribbeln, als würdest du auf deinem Arm schlafen oder als würde ein Teil deines Körpers einschlafen. Du spürst, wie dein kleiner Finger kribbelt und dann fühlst du, wie die Spitze des kleinen Fingers taub wird. Stell dir vor, wie das Novokain deinen Finger hochfließt, während die Fingerspitze taub wird, dann das vorderste Fingerglied, anschließend das zweite und dann ist dein ganzer kleiner Finger bis zum Handansatz taub – Jetzt ist der ganze kleine Finger deiner linken Hand vollkommen taub – wie ein dicker Klumpen Lehm.

Stell dir nun vor, wie das Novokain in deinen nächsten Finger fließt, den Ringfinger, der auch beginnt, sich taub anzufühlen. Sag dir selbst, dass dieser nächste Finger sich tauber und tauber anfühlt, bis er sich anfühlt wie ein Lehmklumpen oder ein Stück dicker Gummi. Jetzt sind beide Finger taub, dick und gummiartig.

Bewege jetzt deinen Daumen zu den beiden Fingern an der anderen Seite deiner Hand und betaste die Finger. Diese Finger sind so taub, dass sie die Berührung des Daumens eigentlich nicht spüren können, lediglich ein dumpfes Druckgefühl.

Jetzt sag dir selbst, dass du dir das Ganze nur vorgestellt hast, dass sich deine Finger völlig normal anfühlen, überhaupt nicht taub, und dass du alles perfekt in ihnen spüren kannst."

Teil zwei: „Leg dich irgendwo bequem auf den Rücken, mit deinem Kopf auf der linken Seite, so dass deine rechte Wange nach oben zeigt. Schließ deine Augen und hör den Anweisungen zu.

Stell dir vor, du liegst in der heißen Sonne am Strand einer einsamen Insel, irgendwo in der Nähe des Äquators, mitten im Indischen Ozean. Du liegst auf dem Rücken, wendest deine rechte Wange nach oben der brennenden tropischen Sonne zu und kannst den Sand an deiner linken Wange fühlen.

Stell dir vor, wie die heißen Strahlen der Sonne auf deine rechte Wange brennen; spüre die Hitze.

Während du dir das gleißende Licht der tropischen Sonne vorstellst, fühlst du, wie die Hitze zunimmt.

Spüre, wie die Sonne heißer und heißer wird, wie sie durch deine Haut hindurch auf die darunter liegenden Wangenknochen und Zähne brennt. Fühle, wie die Hitze tiefer und tiefer eindringt, so intensiv, dass es fast wie Radioaktivität ist.

Spüre, wie deine rechte Wange heißer wird. Stell dir den Sonnenbrand vor, den du bekommen wirst, weil die sengende Mittagssonne deine rechte Wange röter und röter und heißer und heißer werden lässt. Sag dir, dass die Sonne in die tiefen Schichten der Haut deiner rechten Wange vordringt, wo sie Blasen erzeugen wird, aber dreh deinen Kopf nicht; lass ihn so, dass die rechte Wange der tropischen Sonne zugewandt bleibt.

Spüre, wie deine rechte Wange heißer und heißer wird. Fühle die Sonnenstrahlen immer tiefer eindringen. Spüre deine rechte Wange so heiß werden, dass ein darauf fallender Tropfen Wasser verdampfen würde.

Stell dir jetzt vor, wie eine Welle auf dich zurollt, dich überspült und abkühlt. Sag dir, dass du dir die ganze Sache nur vorgestellt hast und deine Wange absolut kühl ist. Bleib einfach liegen und lass deine Augen geschlossen."

Teil drei: „Bleib liegen, lass deine Augen geschlossen und hör den Anweisungen zu.

Stell dir vor, du liegst an einem See in Norditalien. Unter dir breitet sich ein warmer, duftender Grasteppich aus. Es ist ein schöner Sommertag und die Sonne scheint warm von einem strahlend blauen Himmel. Ein lauer Wind streicht über dein Gesicht. Stell dir vor, wie einige kleine, bauschige Wolken langsam über den blauen Himmel ziehen, und spüre die warme Sonne auf deinem Gesicht und deinem Hals. In der Ferne hörst du ein kleines Kind lachen.

Fühle, wie du im weichen Gras liegst und die warme Sonne deine Schultern und deinen Oberkörper streichelt. Der laue Wind streicht sanft über die Rückseite deiner Hände und du merkst, wie warm und angenehm sich die Sonne darauf anfühlt. Deine Schultern, Arme und Hände sind völlig entspannt in der warmen Sonne und dem sanften Wind. Kleine farbenfrohe Segelboote kreuzen langsam auf dem blauen See.

Sag dir, dass du dich nie so entspannt gefühlt hast, während die Wärme der Sonne deinen Arm hinunter, durch deine Finger, deinen Oberkörper hinunter zu deinem Bauch und weiter zu deinen Füßen fließt. Lass alles locker und entspann dich. Der Geruch des Grases ist unheimlich entspannend und beruhigend. Spüre die Wärme der Sonne, während jeder Muskel deines Körpers sich vollkommen entspannt. Sogar deine Zehen fühlen sich warm und ruhig an, in Harmonie mit dem Gras, dem Wasser, das ans Ufer des Sees schlägt, dem blauen Himmel, dem Universum. Fühl dich ruhig, entspannt, so träge, dass du keine Lust hast, jemals wieder aufzustehen.

Jetzt öffne deine Augen und fühl dich weiter entspannt, aber gleichzeitig hellwach. Wenn du möchtest, kannst du aufstehen."

Auflösung

1. Im ersten Teil wurden Sie gebeten, sich vorzustellen, dass zuerst Ihr kleiner Finger und dann der Ringfinger Ihrer linken Hand von einer Ihnen injizierten Dosis Novokain taub wurden. Verglichen damit, was Sie gespürt hätten, wenn Ihnen tatsächlich Novokain injiziert worden wäre, hatten Sie
(a) überhaupt nicht dasselbe Gefühl (0 Punkte)
(b) ein klein wenig vergleichbares Gefühl (1 Punkt)
(c) ein mittelmäßig stark vergleichbares Gefühl (2 Punkte)
(d) ein außerordentlich stark vergleichbares Gefühl (3 Punkte)
(e) genau dasselbe Gefühl (4 Punkte)

2. Im zweiten Teil wurden Sie gebeten, sich vorzustellen, dass Sie auf dem Rücken am Strand einer tropischen Insel liegen und die Sonne auf Ihre rechte Wange brennt. Verglichen mit dem, was Sie gespürt hätten, wenn Sie tatsächlich an einer tropischen Küste gelegen hätten und die Sonne Ihre Wange versengt hätte, hatten Sie
(a) überhaupt kein vergleichbares Gefühl (0 Punkte)
(b) ein klein wenig vergleichbares Gefühl (1 Punkt)
(c) ein mittelmäßig stark vergleichbares Gefühl (2 Punkte)
(d) ein außerordentlich stark vergleichbares Gefühl (3 Punkte)
(e) genau dasselbe Gefühl (4 Punkte)

3. Im dritten Teil wurden Sie gebeten sich vorzustellen, dass Sie an einem friedlichen italienischen See liegen und die warme Sonne und ein lauer Wind Ihnen das Gefühl totaler Entspannung schenken. Verglichen mit dem, was Sie gespürt hätten, wenn Sie sich tatsächlich an einem italienischen See entspannt hätten, hatten Sie

(a) überhaupt nicht dasselbe Gefühl (0 Punkte)
(b) ein klein wenig vergleichbares Gefühl (1 Punkt)
(c) ein mittelmäßig stark vergleichbares Gefühl (2 Punkte)
(d) ein außerordentlich stark vergleichbares Gefühl (3 Punkte)
(e) genau dasselbe Gefühl (4 Punkte)

Ihr Ergebnis

0–3 Punkte: Sie sind in sehr geringem Maße empfänglich für Hypnose.
4–7 Punkte: Sie sind in durchschnittlichem Maße empfänglich für Hypnose.
8–12 Punkte: Sie sind außerordentlich empfänglich für Hypnose.

ZAHLENREIHEN

SIEBEN MATHEMATISCHE DENKSPORT-AUFGABEN MIT ZAHLENREIHEN

7	2	3	8	4
3	4	9	2	6
8	3	5	7	1
4	8	1	6	5
2	7	6		

ALLES ÜBER ZAHLENREIHEN

Ähnliche Denksportaufgaben mit Zahlenreihen wie die in diesem Kapitel enthaltenen sind Standardbestandteil vieler Intelligenztests. Strukturierte Zahlenreihen gehören auch zu den Kommunikationsversuchen (sowohl in der Wissenschaft als auch in Science-Fiction-Darstellungen) mit außerirdischen Lebewesen. Man geht von der Annahme aus, dass jedes intelligente Lebewesen, ob menschlich oder nicht, in der Lage wäre, solche Zahlenreihen zu entziffern.

Die einfachsten Denksportaufgaben dieser Art bestehen aus einer Reihe von Zahlen, die in einer einzigen Art von Beziehung zueinander stehen. Zum Beispiel:

$$1\ 2\ 4\ 8 \dots$$

oder

$$1\ 5\ 9\ 13 \dots$$

Sie können die erste Reihe fortsetzen, indem Sie ganz einfach jede nachfolgende Zahl verdoppeln, und die zweite, indem Sie zu jeder Zahl 4 hinzuzählen. Diese Denksportaufgaben sind deshalb einfach, weil jede Zahl dieser Reihen das Ergebnis eines einzigen simplen Rechenwegs ist, der auf der vorhergehenden Zahl aufbaut, wodurch sich eine deutlich erkennbare, regelmäßige Struktur ergibt.

Sehen Sie sich nun die folgende Aufgabe an:

$$7\ 2\ 8\ 6\ 4$$
$$3\ 3\ 5\ 2\ 8$$
$$5\ 9\ 1\ 5\ 8$$
$$1\ 8\ 7\ 1\ ?$$

Obwohl drei Reihen von Ziffern vorgegeben sind, aus denen Sie die Struktur erschließen können, ist diese Aufgabe schwieriger, weil es keine einfache, deutlich erkennbare Beziehung zwischen den einzelnen Ziffern gibt. Wenn Sie aber einige der Ziffern zu zweistelligen Zahlen gruppieren, wird diese Denksportaufgabe ungeheuer einfach; die Struktur sieht folgendermaßen aus:

$$72 - 8 = 64$$

Also ist die fehlende Zahl in der vierten Reihe die 1. Der Geistesblitz, der Sie darauf bringt, Ziffern zu zweistelligen Zahlen zu kombinieren, verlangt ein wenig mehr als nur das Entdecken eines regelmäßigen Musters, das die einzelnen einstelligen Zahlen verbindet.

Je mehr mathematische Operationen nötig sind (Addition, Division etc.), desto anspruchsvoller ist die Denksportaufgabe. Sehen Sie sich die folgende Aufgabe an:

$$37 \ 15 \ 26$$
$$83 \ 71 \ 77$$
$$12 \ 186 \ 99$$
$$52 \ 18 \ ?$$

Der Arbeitsgang, die einstelligen zu mehrstelligen Zahlen zu gruppieren, wurde Ihnen bereits abgenommen. Aber auch hier gilt: Wenn Sie nach einer einzigen konstanten Beziehung zwischen nebeneinander stehenden Zahlen in diesen Reihen suchen, werden Sie scheitern.

Die Lösung? Addieren Sie die ersten zwei Zahlen jeder Reihe; die dritte Zahl ist die Hälfte der daraus entstehenden Summe. Die fehlende Zahl in der vierten Reihe ist demnach die 35.

Schwierig sind auch solche Denksportaufgaben, in denen eine Zahl, die in den Reihen überhaupt nicht auftaucht, der Schlüssel zur Lösung ist. Die folgende Aufgabe ist ein Beispiel dafür:

$$16 \ 18 \ 19$$
$$22 \ 70 \ 77$$
$$7 \ 9 \ 1$$
$$100 \ 50 \ ?$$

Welche Struktur liegt diesen Reihen zugrunde? Wenn Sie die ersten beiden Zahlen addieren und die dritte Zahl von dieser Summe abziehen, erhalten Sie immer 15. Wenn Ihnen das jemand sagt, schlagen Sie sich mit der

Hand an die Stirn, aber es gibt zwei Faktoren, die das Erkennen des Musters erschweren. Erstens sind zwei mathematische Operationen erforderlich. Zweitens müssen Sie eine vierte Zahl finden, die nicht zu diesen Reihen gehört.

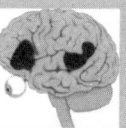

Wissenswertes

C. Chiarello hat herausgefunden, dass die linke Gehirnhälfte besonders gut darin ist, gedruckte Wörter schnell und automatisch zu verarbeiten. Die rechte Gehirnhälfte geht weniger effizient Buchstabe für Buchstabe vor, was sehr praktisch ist, wenn man eine ungewöhnliche Schrift oder neue Wortformen entziffern möchte.

ZAHLENREIHE 1

1	1	2	3
5	8	13	21

Sehen Sie sich die beiden links stehenden Zahlenreihen an und setzen Sie dann die entsprechenden Zahlen in die Kästchen der dritten Reihe ein.

Starthilfe: Haben Sie bemerkt, dass der Wert der Zahlen sich von links nach rechts und von der letzten Zahl der einen Reihe zur ersten Zahl der folgenden Reihe fortlaufend vergrößert? Die Zahl im letzten Kästchen, rechts unten in der letzten Reihe, hat drei Stellen.

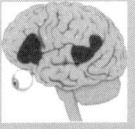

Wissenswertes

Der deutsche Wissenschaftler Werner Wittling führte Probanden einen romantischen Film vor, den diese entweder nur mit der rechten oder nur mit der linken Seite ihres Gesichtsfeldes sehen konnten. Wenn die Versuchspersonen die Handlung mit ihrem linken Sehfeld (das direkt mit der rechten Hemisphäre verbunden ist) verfolgten, erhöhte sich ihr Blutdruck beträchtlich. Auch andere Filme, sowohl mit positivem als auch mit negativem Inhalt, riefen eine intensivere emotionale Reaktion hervor, wenn sie der rechten Hemisphäre vorgeführt wurden. Ist demnach die rechte Hirnhälfte die „emotionale" Seite? Die Ansicht der Wissenschaftler geht in diesem Punkt auseinander. Die Forscher Gainotti, Caltagirone und Zoccolotti sind der Meinung, dass die rechte Hemisphäre eher eine direkte Verbindung zu solchen Hirnregionen (wie beispielsweise der Amygdala) aufweist, die eine elementare emotionale Reaktion erzeugen, während die linke Hirnhälfte eine Rolle bei der Regulierung beziehungsweise der Kontrolle dieser Reaktion spielt. Sie stellen Vermutungen darüber an, dass die von der linken Hemisphäre gesteuerte Sprachentwicklung eventuell für diese Vermittlerrolle verantwortlich ist und die linke Hirnhälfte nicht einfach nur weniger „emotional" ist.

HILFESTELLUNG: Die erste gesuchte Zahl der letzten Reihe ist 34.

ZAHLENREIHE 2

8	5	9	7
4	7	3	5
2	3	5	9
	1	1	

Der vielleicht willkürlich erscheinenden Zahlenfolge im links stehenden Feld liegt eine einfache Rechenoperation zugrunde. Können Sie diese entschlüsseln und die beiden fehlenden Zahlen in der letzten Reihe ergänzen?

Starthilfe: Sie müssen zu jeder Zahl einen bestimmten Zahlenwert addieren, der von dieser Zahl abhängt. Beginnen Sie mit Ihren Überlegungen in der dritten Reihe.

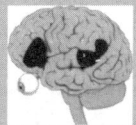

Wissenswertes

Einige Leute behaupten, dass die „Intuition" ihren Sitz in der rechten Hemisphäre habe und dass Frauen intuitiver seien und von der rechten Hemisphäre dominiert würden. Es ist tatsächlich möglich, dass die „intuitiven" Fähigkeiten von Frauen von einem besseren bewussten (und verbalen) Zugang zu den von ihrer rechten Hirnhälfte kontrollierten Gedanken und Gefühlen herrühren. Die Neurowissenschaftlerinnen Sandra Witelson und Laura Allen sowie der Neuroendokrinologe Roger Gorski haben geschlechtsspezifische Unterschiede im Corpus callosum (Balken) bemerkt, der Hauptnervenbrücke, die die beiden Hemisphären verbindet. Zudem sind die Hirnhälften bei Frauen in der Regel weniger spezialisiert (einschließlich der Sprachzentren), so dass Informationen bei ihnen nicht so häufig von einer Hemisphäre zur anderen weitergeleitet werden müssen wie bei Männern.

HILFESTELLUNG: Liefert die Addition eine zweistellige Zahl, arbeiten Sie mit der letzten Stelle weiter.

ZAHLENREIHE 3

3	1	6	2	5
4	2	7	3	5
5	3	9	4	4
6	9	7	6	2
7	8	5		3

Können Sie die Struktur entdecken, die der auf den ersten Blick willkürlich erscheinenden Anordnung von Zahlen zugrunde liegt, und das leere Kästchen in der letzten Reihe ausfüllen?

Starthilfe: Gehen Sie in horizontaler Richtung vor. In jeder Reihe gibt es zwei zweistellige Zahlen.

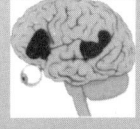

Wissenswertes

Eine von R. C. Oldfield an über 1000 Studenten der University of Edinburgh in Schottland durchgeführte Untersuchung über Links- und Rechtshändigkeit ergab, dass die kleinere Gruppe von Linkshändern nicht einfach nur ein „seitenverkehrtes Bild" der rechtshändigen Probandengruppe war. Bei den meisten Rechtshändern war eine einheitlichere allgemeine Bevorzugung ihrer rechten Hand für die meisten Tätigkeiten, wie beispielsweise Schreiben, Werfen und Zähneputzen, zu erkennen. Eine kleinere Anzahl von Versuchspersonen zeigte eine Mischung und eine leichte Bevorzugung ihrer linken Hand, während sehr wenige der getesteten Linkshänder durchgehend bei allen Tätigkeiten ihre linke Hand bevorzugten. (Bei Rechtshändern dominiert in der Regel auch in Bezug auf die Sprachfunktionen die linke Hemisphäre.) Aufgrund von Forschungsergebnissen wie diesen sprechen manche Forscher lieber von „Rechtshändern" und „Nicht-Rechtshändern" anstelle von „Rechtshändern" und „Linkshändern".

HILFESTELLUNG: Gruppieren Sie in jeder Reihe jeweils die ersten und zweiten sowie die vierten und fünften Ziffern zu zweistelligen Zahlen. Anschließend vergleichen Sie diese beiden Zahlen.

ZAHLENREIHE 4

A	B	C
108	356	124
196	780	292
284	648	

Sie sehen links zwei Reihen mit je drei Zahlen. Können Sie die logische Abfolge dieser Zahlen erkennen und das letzte Kästchen in der dritten Reihe ausfüllen?

Starthilfe: Arbeiten Sie in horizontaler Richtung. Machen Sie etwas mit A und B, so dass sich daraus C ergibt.

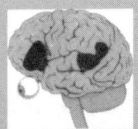

Wissenswertes

Wenn Sie gebeten werden, sich eine Auflistung von Buchstaben einzuprägen, dann ein Bild von einem Gegenstand zu betrachten und zu bestimmen, ob der erste Buchstabe des Namens dieses Objekts sich unter den Buchstaben befand, die Sie sich eingeprägt haben, aktivieren Sie Regionen der linken Hemisphäre, um diese Entscheidung zu treffen. Werden Sie jedoch gebeten, in umgekehrter Richtung vorzugehen, d.h., sich Bilder verschiedener Objekte einzuprägen, dann einen Buchstaben anzuschauen und zu bestimmen, ob der Name eines der Gegenstände, die Sie sich eingeprägt haben, mit diesem Buchstaben beginnt, dann aktivieren Sie vor allem Ihre rechte Hirnhälfte.

HILFESTELLUNG: Vergleichen Sie zunächst den Unterschied zwischen A und B mit der Zahl in Spalte C.

ZAHLENREIHE 5

6	4	8	6	4
9	3	52	24	64
16	5	66	7	

Können Sie die logische Abfolge der links stehenden Zahlen erkennen und das letzte Kästchen ausfüllen?

Starthilfe: Gehen Sie in horizontaler Richtung vor. Machen Sie etwas mit den Zahlen in den ersten zwei Kästchen und anschließend dasselbe mit denen in den nächsten beiden Kästchen. Stellen Sie eine Beziehung zwischen beiden Ergebnissen her, um die Lösungszahl für das fünfte Kästchen zu finden.

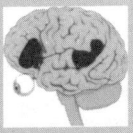

Wissenswertes

Alvaro Pascual-Leone, ein Neurowissenschaftler der Universität Harvard, hat eine neue Behandlungsmethode für Depressionen entdeckt. Er platzierte einen Elektromagneten über der linken Kopfseite des Patienten, wodurch die Aktivität der linken Hemisphäre erhöht wurde. Bei sechzig Prozent seiner Patienten linderte die Behandlung die Symptome der Depression. Da die Impulsfrequenz des Elektromagneten erhöht oder gesenkt werden kann, um die Hirnaktivität entsprechend zu erhöhen oder zu vermindern, werden mehr Untersuchungen mit unterschiedlichen Impulsfrequenzen in verschiedenen Hirnregionen angestellt.

HILFESTELLUNG: Addition und Subtraktion spielen eine wesentliche Rolle in dieser Denksportaufgabe.

ZAHLENREIHE 6

3	9	2	5	4
4	3	8	9	6
7	2	7	9	8
5	5	3	7	5
6	3	4		2

Sehen Sie sich die links stehenden Zahlenreihen genau an, bis Sie ihre Struktur erkennen und das leere Kästchen ausfüllen können.

Starthilfe: Gehen Sie in horizontaler Richtung vor.

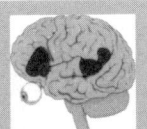

Wissenswertes

Der Gedächtnisforscher Larry Squire weist anhand von PET-Scan-Ergebnissen nach, dass die Gedächtnisfunktionen, die für das (größtenteils unbewusste) Einprägen von Eindrücken verantwortlich sind, überwiegend von der rechten Hemisphäre gesteuert werden. (Ein Beispiel für diese Gedächtnisfunktionen ist die Fähigkeit, ein bruchstückhaft niedergeschriebenes Wort zu vervollständigen, das zu einem Wort passt, das Ihnen vorher gezeigt wurde – selbst wenn Sie sich nicht erinnern können, es schon einmal gesehen zu haben.) Das bewusste Hervorholen von Erinnerungen, das auch als deklaratives Gedächtnis bezeichnet wird (wie beispielsweise die Erinnerung daran, wo und wann Ihnen das Wort vorher schon einmal begegnet ist), wird von einer umfangreicheren Anzahl von Hirnregionen kontrolliert, einschließlich Bereichen der linken Hemisphäre.

HILFESTELLUNG: Addieren ist nicht erforderlich.

ZAHLENREIHE 7

8	4	7
3	9	2
7	5	10
	6	5

Jeder der drei oberen Zahlenreihen im links stehenden Rätsel liegt dieselbe mathematische Struktur zugrunde. Können Sie dieses Muster erkennen und die fehlende Zahl in der letzten Reihe eintragen?

Starthilfe: Dieses Zahlenrätsel ist insofern schwieriger als die anderen, dass Sie etwas mit den Zahlen jeder Reihe tun müssen, um jeweils eine vierte Zahl zu erhalten, die in keiner der Reihen erscheint. Diese vierte Zahl ist in jeder Reihe die gleiche.

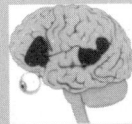

Wissenswertes

In allen Kulturen wird addiert und subtrahiert, aber die Zahlensysteme und die beim Zählen angewandten Hilfsmethoden sind von Kultur zu Kultur unterschiedlich. (Unter „Hilfsmethoden" versteht man zum Beispiel die Zuhilfenahme der Finger beim Zählen, indem man sie in einer bestimmten Reihenfolge ausstreckt.) Der Stamm der Oksapmin in Neuguinea beginnt mit dem Daumen der rechten Hand und hört mit dem Daumen der linken Hand auf, wobei dazwischen 19 Stellen auf dem rechten Arm, den Schultern, auf dem Kopf und dem linken Arm als zusätzliche Hilfspunkte benützt werden.

HILFESTELLUNG: Multiplizieren Sie zunächst die ersten beiden Zahlen miteinander.

KNIFFLIGE PROBLEME

FÜNF DENKSPORTAUFGABEN, DIE DER INTUITION ZU WIDERSPRECHEN SCHEINEN

ALLES ÜBER KNIFFLIGE PROBLEME

Es gibt einige Arten von logischen Problemen (bei deren Lösung die linke Hemisphäre aktiviert wird), mit denen fast jeder Schwierigkeiten hat. Häufig scheinen sie paradox zu sein, der Intuition zu widersprechen oder ganz einfach mit dem normalen gesunden Menschenverstand nicht lösbar zu sein. Und genau das ist der springende Punkt. Sie müssen Ihre gewohnheitsmäßige Perspektive aufgeben, um die richtige Lösung zu finden. Wenn Sie es also nicht schaffen, die folgenden Denksportaufgaben zu bewältigen, müssen Sie sich nicht für dumm halten. Sind Sie jedoch im Stande, sie zu lösen, haben Sie Grund, stolz auf sich zu sein, weil Sie etwas fertig bringen, das jedem schwer fällt.

Nehmen wir beispielsweise eine (von Peter Wason ausgearbeitete) logische Denksportaufgabe, die dazu diente, zu illustrieren, wie mangelhaft entwickelt unser logisches Denkvermögen im Allgemeinen ist. Stellen Sie sich vor, ich lege vier Karten vor Ihnen aus. Auf der ersten Karte befindet sich ein „A", auf der zweiten ein „B", auf der dritten eine „2" und auf der vierten eine „3". Jede Karte ist auf einer Seite mit einer Zahl und auf der anderen mit einem Buchstaben beschriftet. Sie müssen nun bestimmen, welche zwei Karten Sie umdrehen müssen, um festzustellen, ob die folgende Regel auf diese Reihe von vier Karten zutrifft oder nicht: Wenn eine Karte auf einer Seite mit einem „A" beschriftet ist, befindet sich auf der anderen Seite eine „2". Versuchen Sie, die Aufgabe umseitig zu lösen, und lesen Sie dann weiter.

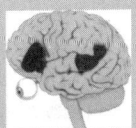

Wissenswertes

Warum ist Sprache in der linken Gehirnhälfte angesiedelt? Die rechte Hemisphäre des Gehirns ist an anfänglichen, weniger detaillierten Phasen der Verarbeitung beteiligt, die vielleicht auch die Phasen sind, die als erstes bei der kognitiven Entwicklung eines Säuglings zum Vorschein kommen. Dadurch ist wahrscheinlich die linke Gehirnhälfte in der Lage, sich in fortgeschrittenen Vorgängen oder detaillierteren Fähigkeiten zu spezialisieren, wie es die Verarbeitung von Sprache fordert.

Jede dieser Karten ist auf einer Seite mit einem Buchstaben und auf der anderen mit einer Zahl beschriftet. Welche zwei Karten müssen Sie umdrehen, um festzustellen, ob die folgende Regel richtig oder falsch ist: Wenn eine Karte auf einer Seite mit einem A beschriftet ist, befindet sich auf der anderen Seite eine 2.

Fast jeder dreht die erste mit „A" beschriftete Karte um. Die meisten Versuchspersonen drehen auch die dritte Karte um, auf der sich die „2" befindet. Aber sehr wenige Leute drehen die mit dem „B" oder der „3" beschrifteten Karten um. Ist dies die richtige Strategie? Soweit es die erste Karte betrifft – ja: Wenn sich etwas anderes als eine „2" auf der Rückseite der Karte mit dem „A" befindet, erweist sich die Regel als falsch. Aber welche Aussage liefert Ihnen die dritte Karte? Wenn Sie sie umdrehen und Sie auf der Rückseite ein „A" vorfinden, ist das kein Beweis dafür, dass die Regel richtig ist. Wäre die Karte mit etwas anderem als „A" – sagen wir zum Beispiel mit „Z" – beschriftet, wäre das auch kein Gegenbeweis. Denken Sie daran, dass die Regel besagt, dass eine Karte, die auf einer Seite mit „A" beschriftet ist, auf der anderen Seite eine „2" haben muss – die Regel sagt nicht aus, dass eine Karte, die auf einer Seite mit einer „2" beschriftet ist, auf der anderen Seite ein „A" haben muss. Folglich kann Ihnen die dritte Karte nicht dabei dienen, die Gültigkeit der Regel zu überprüfen. Aber was ist mit der vierten Karte, auf der sich eine „3" befindet? Wenn Sie sie umdrehen würden und sich ein „A" auf der Rückseite befände, wäre das der eindeutige Beweis für die Ungültigkeit der Regel. Also müssen Sie die erste und die vierte Karte umdrehen. Aber sehr wenige Versuchspersonen gehen nach dieser Strategie vor.

Wenn Sie diese Denksportaufgabe in weniger abstrakte Begriffe übertragen, ist sie weit einfacher zu lösen. Stellen Sie sich vor, Sie seien ein Polizist, der sich um die Einhaltung der Bestimmungen in Bezug auf die Reduzierung der Schadstoffemission kümmern muss: Jeder Autofahrer, der einen nach 1972 hergestellten Wagen fährt, ist verpflichtet, eine gültige Emissionsplakette aufzukleben.

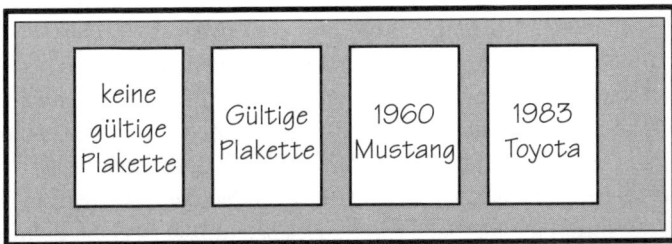

Übertragen Sie diese Daten auf Karten, so dass diese nun auf einer Seite die Information tragen, ob ein Auto eine gültige Plakette hat oder nicht, während sich auf der anderen Seite die Information über das Alter des Wagens befindet. Welche Karten müssen Sie umdrehen, um sicherzugehen, dass die Verordnung eingehalten wird?

Diesmal würde es Ihnen keine Schwierigkeiten bereiten, die erste und die letzte Karte zu wählen. Es gibt einige Beweise dafür, dass die rechte Hemisphäre die Fähigkeit besitzt, das Problem zu lösen, wenn es in dieser Art und Weise formuliert wird.

Sehen Sie sich nun das folgende „Ratespiel" an, das der Psychologe Eldar Shafir mit vierzig Studenten der Universität Princeton durchgeführt hat:

Unter einer schwarzen Decke befinden sich eine Reihe von Schachteln in den Farben weiß, blau und violett. Jede Farbe ist gleich häufig vertreten. Sie greifen unter die Decke und fassen mit jeder Hand eine Schachtel. Dann können Sie eines der beiden folgenden Glücksspiele machen:
Spiel 1: Sie erraten die Farbe der linken Schachtel. Sie gewinnen fünf Dollar, wenn Sie richtig tippen, und nichts, wenn Sie sich irren.
Spiel 2: Sie entscheiden sich, beide Schachteln aufzudecken. Sie gewinnen fünf Dollar, wenn die Schachteln die gleiche Farbe haben, und nichts, wenn sie verschiedene Farben haben.

Für welches der zwei Spiele würden Sie sich entscheiden? Wenn Sie sich einen Moment Zeit nehmen, darüber nachzudenken, werden Sie sehen, dass die Chancen, die Farbe der einen Schachtel in Spiel 1 zu erraten, 1 : 3 stehen. In Spiel 2 muss die Farbe der zweiten Schachtel mit jener der ersten Schachtel übereinstimmen. Das heißt im Grunde genommen, dass die erste Schachtel die Rolle spielt, die Sie selbst in Spiel 1 übernehmen, wenn Sie die Farbe „erraten". Damit stehen die Chancen 1 : 3.

Dennoch neigten siebzig Prozent der Studenten dazu, eher das erste Spiel zu machen, obwohl die Gewinnchancen bei beiden Spielen exakt die gleichen waren. Weshalb? Eventuell nahmen sie irrtümlicherweise an, dass sie in Spiel 2 die Farben beider Schachteln erraten müssten, anstatt nur die Farbe einer Schachtel, was in der Tat die Chancen vermindert hätte. Vielleicht wurden die strategischen Überlegungen der Studenten in Bezug auf Spiel 2 durch die Methode von Spiel 1 beeinflusst. Welche Lehre können Sie daraus ziehen? Wenn Sie sich nicht auf die Details einer gestellten Aufgabe konzentrieren – sowohl was ihren Inhalt als auch was ihre Formulierung betrifft –, können Sie sich nicht darauf verlassen, die richtige Lösung zu finden.

Meinen Sie, Sie seien klüger? Versuchen Sie, die folgende Denksportaufgabe zu lösen, und finden Sie es selbst heraus. Außer den oben beschriebenen logischen „Fallstricken" gibt es hier noch eine weitere „Falle", auf die Sie Ihr besonderes Augenmerk richten müssen. Nur weil eine spezielle Lösungsmöglichkeit repräsentativer für eine bestimmte Gruppe infrage kommender Lösungen ist, erhöht dies nicht die Wahrscheinlichkeit der Richtigkeit dieser Lösungsmöglichkeit. Ein Beispiel: Sie kaufen einen Lottoschein. Würden Sie mehr Vertrauen in Ihre Gewinnchancen haben, wenn Sie die Zahlenfolge 1–1–1–1–1 wählen oder wenn Sie die Zahlenreihe 1–11–18–25–39 tippen? Die meisten Versuchspersonen entscheiden sich für die zweite Möglichkeit, da sie repräsentativer für die Zufallsauswahl möglicher Zahlenfolgen zu sein scheint. Kurz: Die zweite Zahlenreihe erscheint willkürlicher. Aber das macht sie nicht wahrscheinlicher. Tatsächlich ist bei keiner Zahlenfolge die Wahrscheinlichkeit zu gewinnen größer oder kleiner – eine Tatsache, die Ihnen auch klar erscheint, wenn Sie richtig darüber nachdenken. Die Kehrseite des Problems liegt darin, dass Sie bei der Voraussage menschlichen Verhaltens mit reiner Wahrscheinlichkeit und Statistik nicht weit kommen.

Eine letzte Anmerkung: Wenn Ihnen diese Art von Denksportaufgaben Kopfzerbrechen bereitet, denken Sie daran, dass sie Ihnen ein gutes Übungsfeld bieten. Wenn Sie eine intuitiv offensichtlich richtig erscheinende Idee logisch bis zum Ende durchdenken, kommen Sie eventuell auf eine Idee, die Ihnen von der Intuition her nicht richtig vorkommt, die aber genau deshalb interessant und nützlich ist, weil niemand allein auf der Basis seiner Intuition darauf gekommen wäre. Wenn Sie Ihr Gehirn im mathematischen Wahrscheinlichkeitsdenken trainieren, kann Ihnen das nützen, wenn Sie eine Wette auf ein bestimmtes Ergebnis eingehen wollen. Viel Glück!

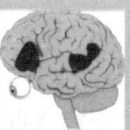

Wissenswertes

In ganz seltenen Fällen verlangt ein Gehirntumor die Entfernung der dominanten Sprachhemisphäre (die meistens die linke ist). In kleinen Kindern kann die verbleibende Gehirnhälfte die Sprachfähigkeiten recht leicht übernehmen. Der Neuropsychologe Aaron Smith hat berichtet, dass sogar manche Erwachsene eine gute Genesung zeigen und wieder zu sprechen lernen, obwohl ihre Sätze recht kurz und einfach bleiben.

KNIFFLIGES PROBLEM 1

An der Barbara-Bush-Oberschule in Ardmore, Oklahoma, haben die Zehntklässler die Möglichkeit, sich zwischen den Fächern Hauswirtschaftslehre und handwerklicher Unterricht zu entscheiden. In jeder Fachrichtung gibt es drei Kurse: Kuchenbacken, Gartenbau und häusliche Innengestaltung im Fach Hauswirtschaftslehre oder Holzverarbeitung, Kraftfahrzeugtechnik und Computerreparatur im Fach handwerklicher Unterricht. In den hauswirtschaftlichen Fächern sind die Jungen in der Minderheit (45 %); in der Fachrichtung Handwerk bilden sie die Mehrheit (65 %).

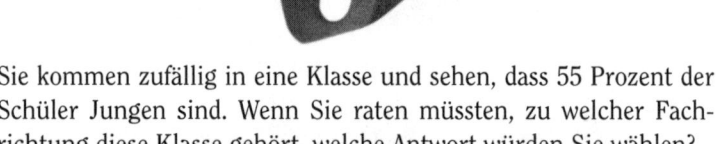

Sie kommen zufällig in eine Klasse und sehen, dass 55 Prozent der Schüler Jungen sind. Wenn Sie raten müssten, zu welcher Fachrichtung diese Klasse gehört, welche Antwort würden Sie wählen?

1. Es ist wahrscheinlich eine hauswirtschaftliche Klasse.
2. Es handelt sich wahrscheinlich um eine handwerkliche Klasse.
3. Die Wahrscheinlichkeit, dass es eine hauswirtschaftliche Klasse ist, ist ebenso groß wie die Wahrscheinlichkeit, dass es sich um eine handwerkliche Klasse handelt.

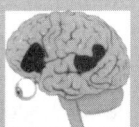

Wissenswertes

Eine Reihe von Untersuchungen hat gezeigt, wie Veränderungen des Hormonspiegels die typisch „weiblichen" Fähigkeiten (wie die vorwiegend von der linken Hemisphäre kontrollierten Sprachfunktionen) und die typisch „männlichen" Fähigkeiten (das räumliche Vorstellungsvermögen, das dazu nötig ist, den Weg durch ein Labyrinth zu finden, oder die Fähigkeit, sich vorzustellen, wie ein Objekt aus einem anderen Blickwinkel aussieht, die in der Regel von der rechten Hemisphäre gesteuert werden) beeinflussen können. Die Psychologin Doreen Kimura von der University of Western Ontario berichtet, dass Frauen bei der Bewältigung sprachlicher Aufgaben in der Mitte ihres Menstruationszyklus, wenn die Konzentration der „weiblichen" Hormone Östrogen und Progesteron am höchsten ist, am besten abschneiden. Ihr räumliches Vorstellungsvermögen ist dann am besten, wenn ihr Östrogen- und Progesteronspiegel am niedrigsten ist. Bei Männern scheint Testosteron das räumliche Vorstellungsvermögen zu steigern, aber nur bis zu einem gewissen Punkt. E. Hampson hat entdeckt, dass Mädchen, die im Mutterleib einer hohen Konzentration „männlicher" Hormone ausgesetzt waren, in der Regel ein besser ausgeprägtes räumliches Vorstellungsvermögen besitzen. Hampson und S. D. Moffat haben aber auch aufgezeigt, dass Männer am Morgen, wenn der Testosteronspiegel am höchsten ist, am schlechtesten bei Aufgaben abschneiden, bei denen das räumliche Vorstellungsvermögen benötigt wird. Die mit dem räumlichen Vorstellungsvermögen verbundenen Leistungen erhöhen sich später am Tag sowie im Frühling, wenn der Testosteronspiegel sinkt.

HILFESTELLUNG: Lassen Sie sich nicht durch den Umstand in die Irre führen, dass die Jungen in dieser Klasse die Mehrheit bilden.

KNIFFLIGES PROBLEM 2

In der mexikanischen Stadt Oaxaca führte das örtliche Gesundheits-
amt eine statistische Untersuchung sämtlicher Familien mit sechs
Kindern durch. In 72 Familien war die Reihenfolge der Geburten
(M = Mädchen; J = Jungen) MJJMJM.

In wie vielen Familien war demzufolge die genaue Reihenfolge der
Geburten MJMMMM?

Wissenswertes

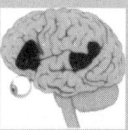

Der britische Psychiater Stuart Dimond und der deutsche Wissenschaftler Werner Wittling haben in zwei unabhängig voneinander durchgeführten Untersuchungen herausgefunden, dass die emotionale Reaktion von Versuchspersonen auf Filme sich in Abhängigkeit von der Seite ihres Blickfeldes verändert. Dimond gab seinen Probanden eine spezielle Kontaktlinse, die eine Hälfte ihres Gesichtsfeldes blockierte. Verfolgten die Versuchspersonen die Vorführung nur mit der linken Hemisphäre, reagierten sie intensiver, wenn es sich um Filme mit positivem Inhalt handelte. Wenn sie die Handlung mit der rechten Hemisphäre verfolgten, reagierten sie stärker auf Filme mit negativen Themen. Wittling wies nach, dass Filme, die von Probanden mit der linken Seite ihres Blickfeldes (das mit der rechten Hemisphäre verbunden ist) angeschaut wurden, eine intensivere emotionale Reaktion hervorriefen, als wenn sie der rechten Hälfte ihres Blickfeldes (linke Hirnhälfte) vorgeführt wurden. Eine von den Forschern Regard und Landis durchgeführte Untersuchung ergab einen ähnlichen Effekt im Zusammenhang mit Fotos: Die der linken Hälfte des Blickfeldes (rechte Hemisphäre) vorgehaltenen Fotos wurden von den Versuchspersonen als unsympathisch empfunden, während den Probanden die der rechten Hälfte des Blickfeldes (linke Hemisphäre) gezeigten Fotos gut gefielen.

HILFESTELLUNG: Verwechseln Sie nicht Repräsentativität mit Wahrscheinlichkeit. Erinnern Sie sich an das angeführte Beispiel des Lotteriespiels.

KNIFFLIGES PROBLEM 3

In einem kleinen Stamm im Hochland von Neuguinea teilt ein Häuptling jeder der fünf Familien des Stammes Nahrungsrationen zu. Jeden Tag werden zwanzig Süßkartoffeln aus dem Lager des Stammes ausgegeben. Gerecht wäre es natürlich, die Süßkartoffeln gemäß der Größe der Familien zuzuteilen, aber das will der Häuptling nicht. Stattdessen verteilt er die zwanzig Süßkartoffeln jeden Tag völlig willkürlich. Manchmal werden sie durch puren Zufall gleichmäßig unter den einzelnen Familien aufgeteilt, aber an anderen Tagen kann es passieren, dass eine einzige Familie sämtliche Süßkartoffeln bekommt oder eine andere Familie überhaupt keine Süßkartoffeln erhält. Auf diese Weise, so denkt sich der Häuptling, werden die Familienoberhäupter ihn mit größerer Wahrscheinlichkeit mit besonderen Gefälligkeiten zu bestechen versuchen, um zu probieren, seine Entscheidung zu beeinflussen. Aber er lässt sich von den Bestechungen niemals beeinflussen. Er denkt, die absolute Zufälligkeit seiner Zuteilung werde ihn in den Augen des Stammes zu einer Gottheit erheben, da es für Menschen sehr schwierig ist, wirklich willkürlich bei ihren Entscheidungen zu sein.

In der unten stehenden Liste sind die Zuteilungen an die fünf Familien an zwei bestimmten Tagen aufgeführt. Die Frage lautet: Wird es im Laufe von fünf Jahren mehr Tage geben, an denen sich die Zuteilung für Montag wiederholt, oder mehr Tage, an denen sich die Zuteilung für Dienstag wiederholt? Oder wird die Anzahl der Wiederholung beider Tageszuteilungen gleich sein?

Familie	Montag	Dienstag
Atuanga	4	4
Biliki	3	4
Cicoro	5	4
Daru	4	4
Egats	4	4

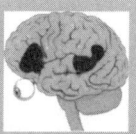

Wissenswertes

In Tests, welche die von der linken Hemisphäre kontrollierte sprachliche Intelligenz messen, geht es darum, eine Verbindung zwischen verschiedenen Objekten oder Begriffen herzustellen (beispielsweise zwischen Orange und Banane oder Lob und Bestrafung). L. F. Jarvik weist darauf hin, dass die Leistungskurve bei solchen Tests bei Probanden im Alter zwischen 75 und 86 steil abfällt, selbst bei Versuchspersonen, die keine Anzeichen von Demenz aufweisen.

HILFESTELLUNG: Es besteht ein Unterschied zwischen diesem Problem und dem „Lotterieproblem". Im Gegensatz zu den Zahlen der Lotterie ist in diesem Fall der Wert einer Zahl nicht völlig unabhängig von den Werten der anderen Zahlen. Wäre die erste Zahl in dieser Reihe beispielsweise 20, könnten Sie auf Anhieb erkennen, dass die vier anderen Zahlen durch diese anfängliche Wahl festgelegt wären.

KNIFFLIGES PROBLEM 4

Dr. Shapiro ist der Moderator einer beliebten Radiosendung, die jede Nacht um ein Uhr ausgestrahlt wird. Sein bestgehasstes Thema sind „Schwindelwissenschaften" – Astrologie, übersinnliche Wahrnehmung und dergleichen. Um die Telepathie als Schwindel zu entlarven, wählt er zu Beginn jeder Sendung eine nach dem Zufallsprinzip zustande gekommene Reihe von Zahlen zwischen 1 und 20 und teilt sie den Hörern „telepathisch" mit. Am Ende der Sendung erstellt er eine Tabelle der per Anruf eingegangenen Tipps der Hörer.

Nachdem er dies ein Jahr lang durchgeführt hat, beginnen Dr. Shapiro einige Muster aufzufallen, die ihm Unbehagen bereiten. Offenbar sind die Hörer in der Lage, einige der Zahlenfolgen besser erraten zu können als andere. Die folgenden nach dem Zufallsprinzip ausgewählten Zahlenreihen beispielsweise wurden von mehr Hörern erraten, als man dem Zufall zuschreiben kann: 1, 5, 8, 13, 17; 3, 8, 11, 12, 16; 4, 7, 10, 13, 18. (Niemand jedoch erriet die Zahlenfolge 1, 2, 3, 19, 20.)

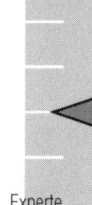

Können Sie sich einen Grund – abgesehen von Telepathie – vorstellen, der erklären könnte, weshalb einige Zahlenreihen einfacher zu erraten sind als andere, und dabei helfen, Dr. Shapiro davon abzubringen, diesen beliebten Teil seiner Sendung zu streichen?

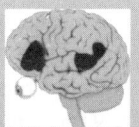

Wissenswertes

Die neurologische Literatur wimmelt vor Berichten über hirngeschädigte Patienten, die bizarre spezifische Symptome entwickeln. Vargha-Khadem, Isaacs und Mishkin berichten von einem Jungen mit einem Hirntumor, der sich an nichts, was er an dem jeweiligen Tag getan hat, erinnern kann. Er kann es zwar aufschreiben, aber er kann nicht lesen, was er schreibt. Wenn eine andere Person es ihm laut vorliest, ist er überrascht von dem, was er geschrieben hat. Wenn der Hirnschaden die Fähigkeit zu lesen zerstört, aber die Fähigkeit zu schreiben unbeeinträchtigt lässt, spricht man von einer so genannten Alexie ohne Agraphie. Norman Geschwind hat den Ursprung dieses Syndroms mit einer Schädigung der Verbindung zwischen den Regionen der rechten Hemisphäre, die für die Verarbeitung visueller Eindrücke verantwortlich sind, und bestimmten sprachverarbeitenden Regionen in der linken Hirnhälfte erklärt.

HILFESTELLUNG: Um dieses Problem zu lösen, müssen Sie in umgekehrter Reihenfolge vorgehen wie bei den anderen Denksportaufgaben: Stellen Sie sich die Frage, weshalb die Leser sich die angegebenen Zahlenfolgen mit größerer Wahrscheinlichkeit vorstellen als die Zahlenreihe, die niemand errät.

KNIFFLIGES PROBLEM 5

Eine werdende Mutter im ländlichen Indien, wo Jungen hoch geschätzt werden, wollte alles in ihrer Macht Stehende tun, um die Chancen auf die Geburt eines Jungen zu erhöhen. Sie dachte, dass einige Krankenhäuser aus irgendwelchen unerfindlichen Gründen eine bessere Erfolgsquote – das heißt eine höhere Geburtenrate von Jungen – haben könnten. Sie entschloss sich herauszufinden, in welchen zwei Krankenhäusern ihres Bundesstaates an mehr Tagen im Jahr mindestens 60 Prozent der Neugeborenen Jungen waren. Das kleinere der beiden Krankenhäuser befand sich in der etwa 150 Kilometer von ihrem Wohnort entfernten Stadt Bandlapur, ein wesentlich größeres lag nur 30 Kilometer von ihrem Wohnsitz entfernt. Das große Krankenhaus führte insgesamt wesentlich mehr Geburten durch, aber es gab eine andere Statistik, die wichtiger für die werdende Mutter war. Sie fand zu ihrer Freude heraus, dass in einem der beiden Krankenhäuser an 85 Tagen pro Jahr 60 Prozent Jungen geboren wurden, während es im anderen Krankenhaus lediglich 20 Tage pro Jahr gab, an denen dies der Fall war.

Wissenswertes

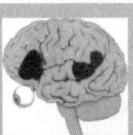

Wenn Sie im Geiste das Alphabet durchgehen, wie viele Buchstaben reimen sich mit „Tee"? Und wie viele haben Kurven in ihrem Schriftbild? Nun fragen Sie sich: Welche Aufgabe fällt Ihnen leichter? Die Forscher M. Coltheart, E. Hull und D. Slater haben herausgefunden, dass Männer die zweite Aufgabe schneller und genauer lösen, während Frauen die erste Aufgabe besser meistern. Dies unterstützt die Verallgemeinerung, dass Frauen besser in Sprachfähigkeiten und Männer in räumlichen Fertigkeiten sind.

Anfänger

Experte

Welches Krankenhaus wählte sie für ihre Entbindung – das kleine in Bandlapur oder das größere, das näher bei ihrem Wohnort lag?

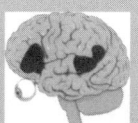

Wissenswertes

Wenn Sie an ein Ereignis Ihrer Vergangenheit denken, sehen Sie sich dann in Ihrer Erinnerung selbst als eine außen stehende Person, die ihr jüngeres Ich betrachtet, oder blicken Sie aus den Augen Ihres jüngeren Ichs von außen in die Szene hinein? In Bezug auf weit zurückliegende Erinnerungen werden Sie wahrscheinlich die Position des außen stehenden Beobachters einnehmen, im Hinblick auf jüngere Erinnerungen eher den Blickwinkel Ihres jüngeren Ichs. Einige Psychologen sind der Ansicht, dass die Position des beobachtenden jüngeren Ichs mit der ursprünglichen Erinnerung korrespondiert, während die Perspektive des außen stehenden Beobachters eine indirekte Erinnerung an eine Erinnerung kodiert, die vom „Interpretationsmechanismus" der linken Hemisphäre gesteuert wird. Die Psychologen Nigro und Neisser haben zudem die Theorie aufgestellt, dass die Perspektive des Erinnerns eventuell auch davon abhängen kann, ob Sie sich auf äußere Umstände oder innere Gefühle konzentrieren. Kürzlich haben Robinson und Swanson herausgefunden, dass man die emotionale Intensität von Erinnerungen manipulieren kann, indem man zwischen den beiden Perspektiven des Erinnerns wechselt.

HILFESTELLUNG: Die Mutter fährt natürlich in das Krankenhaus, von dem sie meint, dass dort mehr Jungen geboren werden (85 Tage, an denen mindestens 60 % der Neugeborenen männlichen Geschlechts sind). Aber welches ist das? Bekanntlicherweise sind die Chancen, einen Jungen oder ein Mädchen zu gebären, gleich groß. Also stellt sich die Frage folgendermaßen: Würde eher eine große oder eine kleine Stichprobe (sprich große oder kleine Zahl von Geburten) diese 50:50-Chance reflektieren?

RECHENSPIELE

FÜNF DENKSPORTAUFGABEN MIT MATHEMATISCHEN REGELN

$$5 \times 5 : 5 + 5 = 10$$

$$5 \times 5 + (5 : 5) = 26$$

$$5 \times \{(5 : 5) \times 5\} = 25$$

$$5 - \{(5 - 5) \times 5\} = 5$$

ALLES ÜBER RECHENSPIELE

$$5 \times 5 : 5 + 5 = 10$$

$$5 \times 5 + (5 : 5) = 26$$

$$5 \times \{(5 : 5) \times 5\} = 25$$

$$5 - \{(5-5) \times 5\} = 5$$

Ein Lehrer testete seine Klasse mit folgender Aufgabe: „Können Sie einen Satz bilden, in dem sechs Mal das Wort ‚fliegen' vorkommt? Groß- und Kleinschreibung ist erlaubt, ebenso Interpunktion."

Antwort: „Wenn hinter Fliegen Fliegen fliegen, fliegen Fliegen Fliegen nach."

Rechenspiele sind diesem Worträtsel sehr ähnlich, mit dem Unterschied, dass die einzelnen „Puzzleteile" Zahlen und arithmetische Symbole wie „=" und „x" sind, anstatt Wörter und Satzzeichen. Ein Beispiel:

$$2 \ 2 \ 2 = 2$$

Wenn Sie wollen, dass diese Gleichung aufgeht, können Sie beispielsweise folgende arithmetische Zeichen einsetzen:

$$2 + 2 - 2 = 2$$

Oder:

$$(2 + 2) : 2 = 2$$

Oder:

$$(2 \ x \ 2) : 2 = 2$$

Wie Sie sehen, gibt es viele infrage kommende Lösungsmöglichkeiten. Im Gegensatz zu einigen anderen Denksportaufgaben in diesem Buch können Sie die einzelnen Zeilen unabhängig voneinander bearbeiten, was die Denkarbeit erleichtert.

Zur Lösung der einfachsten Rechenspiele sind die simpelsten Rechenwege erforderlich, wie Addition oder Multiplikation, die der Reihe nach von links nach rechts ausgeführt werden – nach dem Beispiel der ersten Lösungsmöglichkeit in der oben stehenden Aufgabe. Komplexere Lösungen können kompliziertere mathematische Operationen erfordern – wie das Ziehen von Quadratwurzeln – oder sich nur dann ergeben, wenn Sie die einzelnen Rechenschritte in einer bestimmten Reihenfolge durchführen. Damit Sie sehen, wie die Reihenfolge der Rechenschritte die Lösung beeinflussen kann, setzen wir die Klammern an eine andere Stelle, wodurch sich das Ergebnis der zweiten Lösungsmöglichkeit der oben stehenden Aufgabe ändert:

$$2 + (2 : 2) = 3$$

Die Grundregel beim Rechnen mit Klammern lautet: Sie müssen alles, was in Klammern steht, zuerst ausrechnen – in diesem Fall 2 durch 2 teilen –, bevor Sie die Rechenschritte außerhalb der Klammern vollziehen – in unserem Beispielfall die Addition.

Manchmal ist es nützlich, Klammern durch das Setzen weiterer Klammern zusammenzugruppieren, um den Rechenweg überschaubar zu gestalten. In diesem Fall sind die äußeren Klammern eckig. Versuchen Sie zum Beispiel die folgende Aufgabe zu lösen:

$$9\ 9\ 9\ 9 = 9$$

Es gibt zwei Lösungsmöglichkeiten:

$$[(9 - 9) \times 9] + 9 = 9$$
$$9 - [(9 - 9) \times 9] = 9$$

Auch in diesem Beispiel können Sie erkennen, welcher Unterschied sich aus einer anderen Gruppierung der Zahlen und Zeichen ergibt:

$$(9 - 9 - 9) \times 9 = -81$$

Da wir in einigen unserer Aufgaben Quadratwurzeln verwenden, müssen Sie sich merken, dass die Quadratwurzel einer Zahl die Zahl ist, die mit sich selbst multipliziert die gegebene Zahl ergibt. Die Quadratwurzel von 4 beispielsweise ist 2, die Quadratwurzel von 9 ist 3, die Quadratwurzel von 16 ist 4 etc. Das Zeichen für Quadratwurzel ist „ $\sqrt{\ }$ ".

Möchten Sie üben? Dann versuchen Sie, die folgende Aufgabe zu lösen:

$$4\ 4\ 4\ 4 = 15$$

Auch hier gibt es mehrere Lösungsmöglichkeiten. Zwei davon sind:

$$[4 : (-4)] + (4 \times 4) = 15$$
$$(4 \times 4) - (4 : 4) = 15$$

Versuchen Sie nun, diese Aufgabe zu lösen:

$$4 \ 4 \ 4 \ 4 = 16$$

Zwei mögliche Lösungen sind:

$$(4 \times 4) : (4 : 4) = 16$$
$$\sqrt{4} \times \sqrt{4} \times \sqrt{4} \times \sqrt{4} = 16$$

Eine wesentliche einfachere Lösungsmöglichkeit ist allerdings:

$$4 + 4 + 4 + 4 = 16$$

Wenn Sie die offensichtliche Lösung nicht gefunden haben, seien Sie nicht enttäuscht. Wenn Ihre linke Hemisphäre gute Kenntnisse in der Anwendung der komplexeren Rechenwege erlangt, kann es passieren, dass Sie die einfachen Lösungsmöglichkeiten übersehen. (Die rechte Hirnhälfte hingegen geht jedes Problem in der Regel so an, als sei ihr noch nie zuvor ein ähnliches Problem begegnet.) Psychologen bezeichnen dies als Einstellungseffekt, was bedeutet, dass Sie in einer bestimmten Denkstruktur verharren. Obwohl eine solche „Einstellungs"-Erfahrung Ihnen das Gefühl geben kann, dumm zu sein, ist sie doch zugleich ein Zeichen dafür, dass Sie sich konzentriert haben.

RECHENSPIEL 1

$$( ) \text{ x } - = 10$$
$$( ) \text{ x x } + = 10$$
$$( ) \text{ x x } + : = 10$$
$$( ) \text{ x } + : \sqrt{\ } = 10$$
$$+ = 10$$
$$[(+) \text{ x } - (+)] : = 10$$
$$[\ ] ( ) ( ) \text{ x } + + + : = 10$$
$$[\ ] ( ) ( ) + + \text{ x } : = 10$$
$$( ) \text{ x } + : = 10$$

In diesem ersten Rechenspiel sind sowohl die Zahlen als auch die Zeichen vorgegeben, die Sie zur korrekten Lösung der Aufgabe brauchen: Kombinieren Sie die Zeichen und die identischen Ziffern (nicht mehr als sechs Ziffern pro Gleichung) in jeder Zeile, um als Ergebnis 10 zu erhalten. In der ersten Zeile brauchen Sie nur Einser einzusetzen; in der zweiten Zeile nur Zweier (Hinweis: Sie benötigen nur vier Zweier). Fahren Sie nach diesem Muster fort bis zur letzten Zeile, in der Sie nur Neuner einsetzen müssen. Sämtliche mathematischen Zeichen sind in der für die Lösung der Aufgabe erforderlichen Reihenfolge aufgeführt – außer in der achten Zeile. (Wobei es für Zeile acht und neun noch herauszufinden gilt, wo die runden und eckigen Klammern gesetzt werden müssen.)

Starthilfe: Die Zahl 11 setzt sich aus zwei nebeneinander stehenden Einsern zusammen. Nur in Zeile 6 und 7 werden tatsächlich alle sechs maximal möglichen Ziffern (sechs mal 6 bzw. 7) benötigt. Die Quadratwurzel von 4 ist 2.

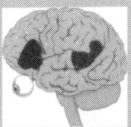

Wissenswertes

Prentice Starkey von der University of Pennsylvania und sein Kollege Robert G. Cooper konzipierten ein einfallsreiches Experiment, um nachzuweisen, dass ein Kind den Unterschied zwischen 1, 2, 3 und 4 erkennt, bevor es zählen kann. In diesem Experiment zeigten Starkey und Cooper Neugeborenen ein Muster mit drei Punkten. Die Babys zeigten so lange Interesse, bis bei ihnen ein „Gewöhnungseffekt" eintrat, weil die gleiche Anzahl von Punkten ihnen so oft präsentiert worden war. Wenn man einen Punkt hinzufügte oder entfernte, erwachte ihr Interesse sofort wieder. (Die Neugeborenen besaßen nicht die Fähigkeit, den Unterschied zwischen einer größeren Anzahl von Punkten, beispielsweise sechs oder sieben, zu erkennen.)

HILFESTELLUNG: Eine Lösungsmöglichkeit für Zeile 3 ist:
$(3 \times 3 \times 3 + 3) : 3 = 10.$

RECHENSPIEL 2

$$7\ 7\ 7\ 7 = 1$$
$$7\ 7\ 7\ 7 = 2$$
$$7\ 7\ 7\ 7 = 3$$
$$7\ 7\ 7\ 7 = 6$$
$$7\ 7\ 7\ 7 = 8$$
$$7\ 7\ 7\ 7 = 13$$
$$7\ 7\ 7\ 7 = 15$$
$$7\ 7\ 7\ 7 = 48$$
$$7\ 7\ 7\ 7 = 49$$
$$7\ 7\ 7\ 7 = 56$$

Setzen Sie entsprechende Rechenzeichen so zwischen die Zahlen in der links stehenden Aufgabe, dass die Gleichungen aufgehen. Je weniger Zeichen Sie benützen, desto besser. Folgende Zeichen verwendeten wir bei unseren Lösungen: plus, minus, mal, geteilt, Quadratwurzel, runde und eckige Klammern.

Experte

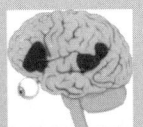

Wissenswertes

Viele Untersuchungen haben ergeben, dass bei Frauen nicht nur die sprachlichen Fähigkeiten besser ausgebildet sind, sondern dass Frauen auch besser erkennen, ob ein Objekt aus einer Ansammlung kleiner Objekte entfernt wurde, und dass sie Unterschiede zwischen ähnlich aussehenden Objekten besser wahrnehmen. Männer erzielen in der Regel bessere Ergebnisse bei der Ausführung bestimmter anderer Aufgaben, die der Kontrolle der rechten Hemisphäre unterstehen. Weshalb mögen sich die Menschen in dieser Art und Weise entwickelt haben? Falls sich diese Unterschiede – wie von vielen Seiten angenommen wird – in der vorgeschichtlichen Zeit der Jäger und Sammler herausgebildet haben, dann könnte es für die Aufgabe der Frauen als Ernährerinnen von großem Vorteil gewesen sein, kleine Veränderungen in einer eng begrenzten Umgebung wahrnehmen zu können. Als vorrangige Ernährerinnen ruhte auch die Aufgabe, das Wissen an die Kinder weiterzugeben, auf den Schultern der Frauen, wodurch sich die sprachlichen Fähigkeiten besser entwickelt haben könnten. Als die Männer vor allem Jäger waren, dürfte ein gut ausgeprägter Orientierungssinn wichtig gewesen sein. Verschiedene Wissenschaftler, wie zum Beispiel S. J. Gaulin, haben bemerkt, dass die Männchen polygam lebender Tierarten sich durch ein besser entwickeltes räumliches Vorstellungsvermögen auszeichnen – also könnte die entsprechende Ausprägung beim Menschen ein Hinweis auf eine polygame Entwicklungsgeschichte sein.

$$[7 \times (7 + 7)] : 7 = 8$$

HILFESTELLUNG: Unsere Lösungsmöglichkeit für die fünfte Zeile ist:

RECHENSPIEL 3

$$2\ 2\ 2\ 2 = 0$$
$$2\ 2\ 2\ 2 = 1$$
$$2\ 2\ 2\ 2 = 2$$
$$2\ 2\ 2\ 2 = 3$$
$$2\ 2\ 2\ 2 = 4$$
$$2\ 2\ 2\ 2 = 5$$
$$2\ 2\ 2\ 2 = 6$$
$$2\ 2\ 2\ 2 = 7$$
$$2\ 2\ 2\ 2 = 10$$
$$2\ 2\ 2\ 2 = 12$$

Setzen Sie entsprechende Rechenzeichen so zwischen die links stehenden Zahlen, dass die Gleichungen aufgehen. Je weniger Zeichen Sie verwenden, desto besser. Wir haben folgende Zeichen in unserer Lösung verwendet: plus, minus, mal, geteilt, runde und eckige Klammern.

Starthilfe: In unserer Lösung für die Gleichung in der Siebenerzeile haben wir ein Komma vor die zweite 2 gesetzt, d.h., aus 2 wird (0), 2.

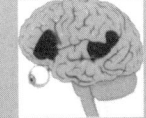

Wissenswertes

Der Kortex – der auf der Oberfläche des Gehirns liegende „Denkmantel", der die Hirnzellen und Dendriten enthält – wird aus der grauen Substanz gebildet, während in der darunter liegenden weißen Substanz die Axone liegen, die die Gehirnzellen über längere Stecken hinweg miteinander verbinden. Der Neurobiologe Ruben Gur von der University of Pennsylvania und seine Kollegen haben herausgefunden, dass die rechte Hemisphäre im Verhältnis zur linken Hirnhälfte mehr weiße als graue Substanz enthält. Bei der Untersuchung der rechten Hemisphäre entdeckten Stuart Dimond und D. Blizard, dass sie zudem insgesamt mehr Gewebe enthält als die linke. Elkhonon Goldberg und Louis Costa haben diese Untersuchungsergebnisse dahingehend interpretiert, dass die rechte Hirnhälfte darauf ausgerichtet ist, Informationen aus weit verstreuten Regionen des Kortex zu integrieren, während die Aufgabe der linken Hemisphäre darin besteht, eine Reihe gegebener Informationen in effektiver, modularer Art und Weise zu verarbeiten.

HILFESTELLUNG: Unsere Lösung für die Siebenerzeile ist:
$$[(2 : 0{,}2) : 2] + 2 = 7.$$

RECHENSPIEL 4

$$3 \quad 3 \quad 3 \quad 3 = 3$$
$$3 \quad 3 \quad 3 \quad 3 = 4$$
$$3 \quad 3 \quad 3 \quad 3 = 5$$
$$3 \quad 3 \quad 3 \quad 3 = 6$$
$$3 \quad 3 \quad 3 \quad 3 = 7$$
$$3 \quad 3 \quad 3 \quad 3 = 8$$
$$3 \quad 3 \quad 3 \quad 3 = 9$$
$$3 \quad 3 \quad 3 \quad 3 = 10$$

Setzen Sie entsprechende Zeichen so zwischen, vor und hinter die Dreier, dass die einzelnen Gleichungen aufgehen. In unserer Lösung verwendeten wir folgende Zeichen: plus, minus, mal, geteilt, runde und eckige Klammern.

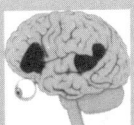

Wissenswertes

So genannte „idiot savants" sind Menschen, bei denen sich eine phänomenale Begabung – wie etwa ein fotografisches Gedächtnis für Musiknoten oder alltägliche Dinge wie beispielsweise Nummernschilder – mit einer unterdurchschnittlichen Intelligenz auf anderen Gebieten paart. Eine von dem Psychologen Terry L. Brink aufgestellte Theorie besagt, dass diese Menschen durch irgendeine Schädigung der linken Hemisphäre so geworden sind, da in einem solchen Fall die rechte Hirnhälfte zur Ausprägung besonderer Fähigkeiten gezwungen ist, um den Schaden zu kompensieren. (Auch bei Albert Einstein waren die von der rechten Hemisphäre gesteuerten Fähigkeiten wesentlich stärker ausgeprägt als die von der linken Hirnhälfte kontrollierten; sein visuelles Vorstellungsvermögen war phänomenal, seine von der linken Hemisphäre gesteuerten sprachlichen Fähigkeiten jedoch relativ schwach ausgebildet. Seine Berühmtheit als Experte auf dem Gebiet der theoretischen Physik basierte auf seinem bildlichen Vorstellungsvermögen, nicht auf seinen mathematischen Fähigkeiten.)

HILFESTELLUNG: Unsere Lösung für die dritte Zeile ist:
$(3 + 3) - (3 : 3) = 5.$

RECHENSPIEL 5

4	4	4	4	=	1
4	4	4	4	=	2
4	4	4	4	=	3
4	4	4	4	=	4
4	4	4	4	=	5
4	4	4	4	=	6
4	4	4	4	=	7
4	4	4	4	=	8
4	4	4	4	=	9
4	4	4	4	=	10

Setzen Sie entsprechende Zeichen zwischen, vor und hinter die Vierer, um die Zahlen von 1 bis 10 zu erhalten. In unserer Lösung verwendeten wir die folgenden Zeichen: plus, minus, geteilt, Quadratwurzel, runde und eckige Klammern.

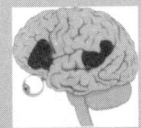

Wissenswertes

Marion Annett von der University of Hull in England hat eine Theorie aufgestellt, die eine genetische Erklärung für die Rechts- bzw. Linkshändigkeit liefert. In einem dominanten Gen ist die von der linken Hemisphäre kontrollierte Sprachfähigkeit kodiert, wodurch die Chancen auf Rechtshändigkeit erhöht werden. Eine rezessive Version dieses Gens verursacht weder eine Dominanz einer Hirnhälfte in Bezug auf die sprachlichen Fähigkeiten noch in Hinsicht auf eine Rechts- oder Linkshändigkeit. Das bedeutet, dass die Chancen eines Kindes, als Rechtshänder geboren zu werden, in etwa ebenso groß sind, wie Linkshänder zu werden, wenn es das rezessive Gen sowohl von seiner Mutter als auch von seinem Vater geerbt hat (was bei ungefähr 25 Prozent der Bevölkerung der Fall ist). Kulturelle Faktoren mögen dazu beitragen, dass etwas mehr als die Hälfte dieser Bevölkerungsgruppe sich zu Rechtshändern entwickelt. Wenn Sie es mathematisch berechnen, sehen Sie, dass lediglich zehn Prozent der Bevölkerung geborene Linkshänder sind.

HILFESTELLUNG: Unsere Lösung für die vierte Zeile ist:
$$(4 \times 4) : (\sqrt{4} + \sqrt{4}) = 4.$$

MAGISCHE QUADRATE

FÜNF ZAHLEN-LOGISCHE KONZENTRATIONSÜBUNGEN

			4
	3		
		2	
1			

ALLES ÜBER MAGISCHE QUADRATE

Das Wort „magisch" bei dieser Art von Denksportaufgaben ist keine moderne Erfindung. Jahrtausendelang schrieb man im alten Babylonien, Indien, China und Griechenland magischen Quadraten mystische Bedeutung zu.

Das Grundprinzip eines magischen Quadrates ist sehr einfach. Ein magisches Quadrat ist ein Zahlenfeld, dessen Zahlen in jeder Richtung – horizontal, vertikal oder diagonal – eine bestimmte (gleiche) Summe ergeben; keine Zahl darf in einem Quadrat zweimal vorkommen. Das einfachste magische Quadrat – außer einer einzelnen Zahl – ist ein dreimal drei Felder großes Quadrat (ein zweimal zwei Felder großes magisches Quadrat lässt sich nicht konstruieren):

8	1	6
3	5	7
4	9	2

Wenn Sie drei Zahlen dieses Feldes in beliebiger Richtung addieren, erhalten Sie immer die Summe 15.

Das Faszinierende ist, dass es nur eine einzige mögliche Anordnung für die Zahlen von 1 bis 9 gibt (außer das ganze Zahlenfeld zu drehen), um ein magisches Quadrat zu konstruieren. Das Zahlenfeld hat noch ein weiteres interessantes Merkmal: Die Summe aller zwei Zahlen, die sich auf beiden Seiten der Zahl im Zentrum des Quadrates gegenüberliegen (z. B. 6 + 4, 3 + 7, etc.) ist jeweils gleich der Summe der ersten und letzten Zahl der Zahlenreihe (1 und 9). Die Frage, ob solche Strukturen mehr als Zufall sind, hat schon immer zur Aura des Mystischen und Magischen beigetragen, die diese Quadrate umgibt.

Wenn Sie selbst ein magisches Quadrat konstruieren möchten, gibt es dafür ein ganz einfaches Rezept. (Das funktioniert nur bei magischen Quadraten mit ungerader Felderzahl, wie beispielsweise Quadraten mit dreimal drei oder fünfmal fünf Feldern etc., nicht jedoch bei Quadraten mit einer geraden Anzahl von Feldern.) Wenn Sie sich ein magisches Quadrat vorstellen, bei dem immer wieder das gleiche Ergebnis herauskommt (siehe unten stehende Abbildung), müssen Sie lediglich im mittleren Kästchen der oberen Reihe beginnend (S. 188) jeweils ein Kästchen hoch und eines nach rechts weitergehen und aufeinander folgende Zahlen in jedes diagonal angrenzende Kästchen eintragen. Wenn Sie bei einem dreimal drei Felder großen Quadrat drei Kästchen weit gegangen sind (fünf Kästchen bei einem fünfmal fünf Felder großen Quadrat etc.), gehen Sie ein

Kästchen nach unten und fahren Sie fort, aufeinander folgende Zahlen in diagonaler Reihe einzutragen.

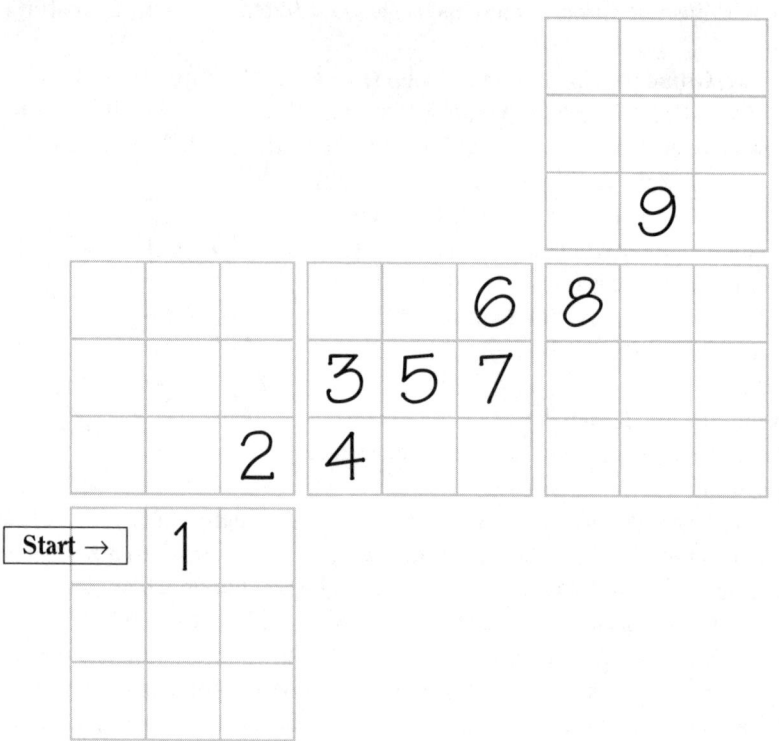

Weshalb entsteht bei diesem Vorgehen ein magisches Quadrat? Es steht Ihnen frei, darüber zu spekulieren.

Man kann auch andere „magische" Formen konstruieren als Quadrate. Einige der bekanntesten sind magische Würfel, magische Sterne, magische Sechsecke und magische Dreiecke. Jedes hat seine eigenen Regeln, aber das Grundprinzip bleibt das gleiche: Bei der Addition der Zahlen muss in jeder Richtung die gleiche Summe herauskommen.

Im Allgemeinen gilt, dass es umso schwieriger ist, Zahlen so einzusetzen, dass sich ein magisches Muster ergibt, je mehr Dimensionen und Schnittpunkte die Figur hat. Dreidimensionale magische Würfel (S. 189) sind wesentlich schwieriger auszufüllen als zweidimensionale magische Quadrate, und vierarmige magische Quadrate (X) sind schwieriger zu lösen als ebenso große magische Dreiecke. Sie können auf Anhieb erkennen, weshalb dies so ist, wenn Sie versuchen, ein magisches X mit nur einem einzigen Schnittpunkt zu lösen. Versuchen Sie, die Zahlen von 1 bis 5 so in die Kästchen des neben stehenden X einzutragen, dass beim Zusammenzählen der Zahlen in jeder diagonalen Richtung die gleiche Summe herauskommt:

Wenn Sie die vernünftige Methode anwenden, in die Mitte des X die Zahl einzutragen, die in der Mitte zwischen den beiden „Extremen" (1 und 5) liegt, dann beginnen Sie mit 3 im Zentrum des X. Von diesem Ausgangspunkt aus können Sie leicht erkennen, dass Sie es vermeiden müssen, die beiden höchsten oder die zwei niedrigsten Zahlen in die gleiche Reihe einzusetzen. Also balancieren Sie die höchste (5) mit der niedrigsten Zahl (1) aus und tragen die 2 und die 4 in die beiden anderen Arme des X ein. Das Ergebnis ist ein einfaches magisches X, bei dem die Summe der Zahlen in jeder Diagonalen 9 ist:

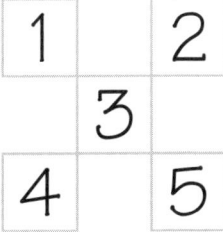

Die Methode, eine in der Mitte zwischen zwei „Extremen" liegende Zahl in eine Mittelposition einzusetzen, wird Ihnen bei vielen „magischen" Rätseln dienlich sein. Die Strategie, eine hohe Zahl mit einer niedrigen „auszubalancieren", ist ebenfalls oft nützlich. Wir werden Ihnen in den Anweisungen zu den einzelnen Denksportaufgaben weitere Tipps geben.

MAGISCHES QUADRAT 1

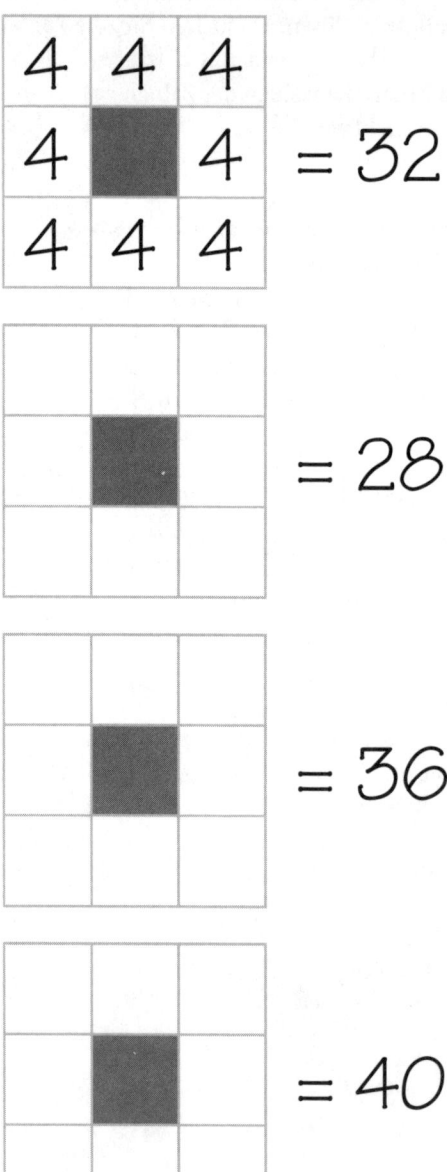

Bei dieser Form des magischen Quadrates müssen Sie nur in horizontaler und vertikaler Richtung arbeiten, und es ist erlaubt, eine Zahl pro Quadrat mehr als einmal zu verwenden.

Die Gesamtsumme aller Zahlen im obersten Zahlenfeld ist 32. Die Summe der in jeder horizontalen Reihe und jeder vertikalen Spalte befindlichen Zahlen beträgt jeweils 12. Können Sie drei weitere Quadrate aus Zahlen konstruieren, deren Gesamtsumme 28, 36 bzw. 40 beträgt? Sie müssen in jede Reihe und jede Spalte Zahlen einsetzen, deren Gesamtsumme jeweils 12 ergibt. Die einzusetzenden Zahlen wechseln einander fortlaufend von Kästchen zu Kästchen ab.

Starthilfe: Wenn Sie höhere Zahlen in die Ecken setzen, erhalten Sie eine niedrigere Gesamtsumme, weil jede in einer Ecke stehende Zahl zweimal zur Bildung der Summe der Zahlen einer Reihe bzw. Spalte beiträgt, aber nur einmal zur Errechnung der Gesamtsumme des Quadrates.

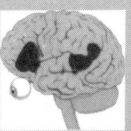

Wissenswertes

Obgleich es häufig als charakteristisches Merkmal der rechten Hemisphäre angesehen wird, dass sie für ein ausgeprägteres räumliches Vorstellungsvermögen verantwortlich ist, zeigen magnetresonanzspektroskopische Untersuchungen, dass es viele Aufgaben gibt, die räumliches Denken erfordern, bei denen die linke Hirnhälfte dominiert. Eindrücke bekannter Objekte und visueller Strukturen, einschließlich vertrauter Gesichter, werden häufig in der linken Hemisphäre verarbeitet. Bei weniger alltäglichen Aufgaben, die bildliches oder räumliches Vorstellungsvermögen erfordern, wie beispielsweise den Weg durch ein Labyrinth zu finden oder sich vorzustellen, wie ein Objekt aus einer anderen Perspektive aussieht, dominiert eher die rechte Hemisphäre.

HILFESTELLUNG: Setzen Sie eine 5 in jede Ecke des „28er"-Quadrates.

MAGISCHES QUADRAT 2

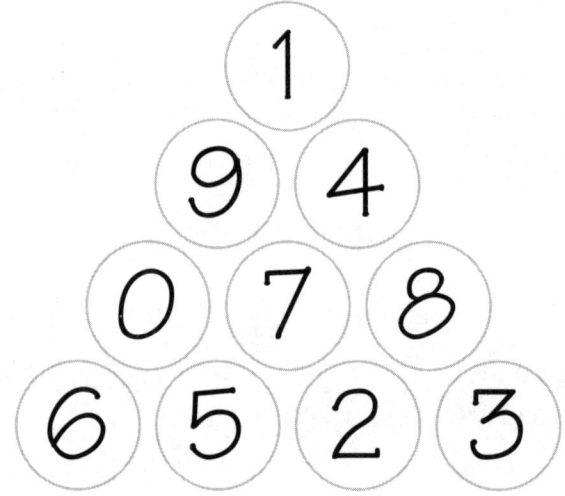

Die Summe der vier Zahlen jeder der drei Seiten des Dreiecks beträgt jeweils 16. Gruppieren Sie die Zahlen des Dreiecks so um, dass eine kleinere „Seitensumme" herauskommt. Es gibt mehr als eine einzige mögliche Lösung.

Starthilfe: Da nur die Zahlen der drei Seiten des Dreiecks bei der Bildung der Gesamtsumme der Seiten zählen (in unserem Beispiel die Gesamtsumme 16), können Sie jede der 10 Zahlen „deaktivieren", indem Sie sie in die Mitte des Dreiecks platzieren. Wollen Sie eine kleinere Gesamtsumme pro Seite erhalten als 16, müssen Sie eine Zahl, die größer ist als 7, in die Mitte versetzen.

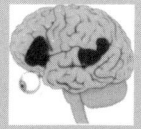

Wissenswertes

S. Coren von der University of British Columbia zeigt anhand von Ergebnissen einer Studie, dass Männer, die Linkshänder sind, beim divergierenden Denken besser abschneiden als Rechtshänder. Der Unterschied zwischen dem divergierenden und dem in herkömmlichen Intelligenztests gemessenen konvergierenden Denken besteht darin, dass bei Tests des divergierenden Denkens die Quantität und die Vielfalt der Lösungen gemessen werden, anstatt nur die Fähigkeit, eine einzige „richtige" Lösung zu finden. („Welche Verwendungsmöglichkeiten gibt es für einen Ziegelstein?" wäre eine typische Frage für einen Test des divergierenden Denkens.) Coren stellt Vermutungen darüber an, ob die Fähigkeit zum divergierenden Denken vielleicht von der rechten Hemisphäre kontrolliert wird, von der einige Forscher behauptet haben, sie sei bei Linkshändern eher dominant als bei Rechtshändern.

HILFESTELLUNG: Setzen Sie zuerst die höchste Zahl in die Mitte und die niedrigsten Zahlen in die Ecken des Dreiecks.

MAGISCHES QUADRAT 3

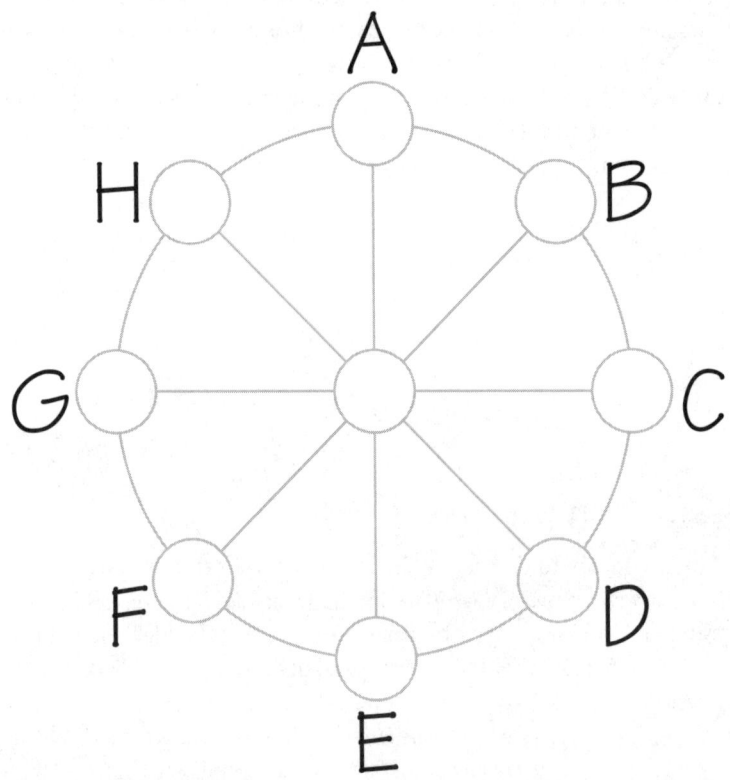

52 56 60 64 68 72 76 80 84

Platzieren Sie die einzelnen Zahlen, die unter dem magischen Zahlenring stehen, so in dem Ring, dass

1. die Summe der drei auf einer geraden Linie liegenden Zahlen jeweils 204 ist
2. die Summe der Zahlen in den Kreisbögen ABC, CDE, EFG und GHA ebenfalls 204 beträgt.

Starthilfe: Wenn Sie bei der Lösung dieser Denksportaufgabe systematisch Schritt für Schritt vorgehen wollen, müssen Sie zunächst alle Kombinationen von drei Zahlen aus der links stehenden Zahlenreihe, die zusammengezählt 204 ergeben, auflisten. Die bei diesen Kombinationen am häufigsten vorkommende Zahl setzen Sie in die Mitte. Die restlichen Zahlen ordnen Sie der Häufigkeit entsprechend in die äußeren Kreise (A bis H) ein.

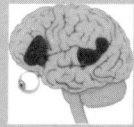

Wissenswertes

Eine kürzlich von dem Forscher Shitij Kapur und seinen Kollegen in Toronto durchgeführte PET-Scan-Untersuchung bestätigte, dass eine semantische Kodierung (beispielsweise zu beurteilen, ob ein Substantiv ein lebendes oder lebloses Objekt bezeichnet) besser geeignet ist, sich eine Liste von Wörtern einzuprägen, als eine oberflächliche formale Kodierung (zum Beispiel zu überprüfen, wie viele Male der Buchstabe „a" in jedem Substantiv vorkommt). Die PET- Scans zeigten, dass die linke vordere Region der linken Hemisphäre während der semantischen Kodierung aktiv war.

HILFESTELLUNG: Die Zahl in der Mitte der Zahlenreihe gehört ins Zentrum des magischen Zahlenringes.

MAGISCHES QUADRAT 4

			4
	3		
		2	
1			

Wenn Sie alle Zahlen von 5 bis 15 jeweils ein einziges Mal verwenden, erhalten Sie ein magisches Quadrat, das heißt, die Summe der in die Kästchen eingesetzten Zahlen wird horizontal, vertikal und diagonal stets die gleiche sein. In diesem Fall ist 34 die magische Zahl.

Starthilfe: Die Summe der Zahlen, die in die beiden leeren Innenkästchen gehören, ist 29. Auch die Summe der beiden Zahlen, die Sie in die beiden leeren Eckkästchen einsetzen müssen, ist 29.

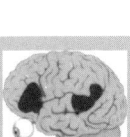

Wissenswertes

Schlaganfälle in der hinteren Region der rechten Hemisphäre verursachen häufig „Konstruktionsprobleme", das heißt, die Patienten sind nicht im Stande, Dinge zu einem kohärenten Ganzen zusammenzusetzen; sie haben eventuell Probleme, Anweisungen richtig zu befolgen oder den richtigen Weg irgendwohin zu finden. Eine Schädigung der rechten Hemisphäre kann weiterhin Schwierigkeiten beim Rechnen verursachen. Die beiden Arten von Problemen sind miteinander verbunden: Da der Patient Probleme mit der Verarbeitung visueller Eindrücke hat, kann es vorkommen, dass er die linke Hälfte einer Zahlenreihe außer Acht lässt oder „Übertragungsfehler" bei Dezimalstellen macht. Der Umgang mit mathematischen Konzepten hingegen wird nicht beeinflusst und auch die Fähigkeit zum Kopfrechnen bleibt erhalten.

HILFESTELLUNG: In das Kästchen oben links gehört die Zahl 15, in das Kästchen unten rechts die Zahl 14.

MAGISCHES QUADRAT 5

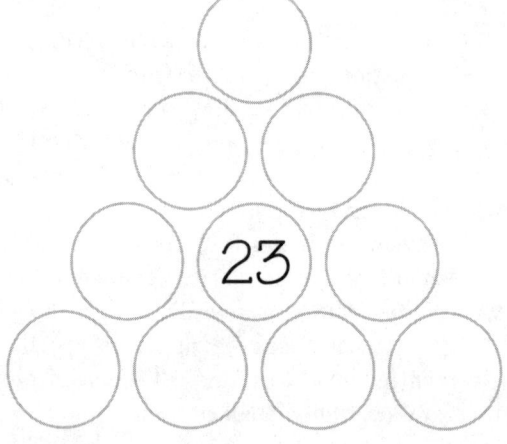

Setzen Sie in die beiden links stehenden Dreiecke die Zahlen 1 bis 9 so ein, dass sich als Summe der Zahlen auf jeder Seite 20 (beim oberen Dreieck) bzw. 23 (beim unteren Dreieck) ergibt. Jede Zahl muss in jedem Dreieck genau einmal verwendet werden.

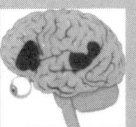

Wissenswertes

Es ist allgemein bekannt, dass die rechte Hemisphäre die Abläufe der linken Körperseite kontrolliert und umgekehrt. Für die meisten Menschen gilt weiterhin, dass man nur mithilfe der linken Hirnhälfte im Stande ist, über die Abläufe von Ereignissen zu *sprechen*. Was geschieht also, wenn die rechte Hemisphäre keine Informationen mehr an die linke Hirnhälfte senden kann, damit wir mittels dieser beschreiben können, was abläuft?

Einige Epilepsiepatienten haben gute Erfahrungen mit einer Operation gemacht, bei der die Brücke zwischen den beiden Hirnhälften durchtrennt wird. Nach der Operation kann keine der beiden Hemisphären Informationen an die andere Hirnhälfte senden. Von außen betrachtet verhalten sich die Patienten, die sich einer solchen Operation unterzogen haben, wie jedermann. Weshalb?

Zum Teil deswegen, weil die „sprachliche" linke Hemisphäre noch immer Zugriff auf indirekte Hinweise darauf hat, was in der rechten Hirnhälfte abläuft – in ähnlicher Weise, wie ein Autofahrer aus der Art und Weise, wie die anderen Autos sich bewegen, schließen kann, ob eine verdeckte Ampel rot oder grün zeigt. Wenn ein Patient, der eine solche Operation hinter sich hat, beispielsweise seine linke Hand in die Tasche steckt und einen Kamm fühlt, weiß seine rechte Hemisphäre, dass es ein Kamm ist, kann diese Tatsache der linken Hirnhälfte jedoch nicht vermitteln.

Das Rätselhafte ist, dass der Patient häufig dennoch sagen kann, dass sich in seiner linken Tasche ein Kamm befindet. Wie macht er das? Sorgfältige Beobachtungen haben gezeigt, dass er seine Finger rasch und automatisch über die Zinken des Kammes gleiten lässt – wodurch die linke Hemisphäre in der Lage ist, die Identität des Objekts am *Klang*, den es von sich gibt, zu erkennen.

KODEKNACKER

FÜNF MATHEMATISCHE DENKSPORT-AUFGABEN MIT SYMBOLISCHEN VERSCHLÜSSELUNGEN

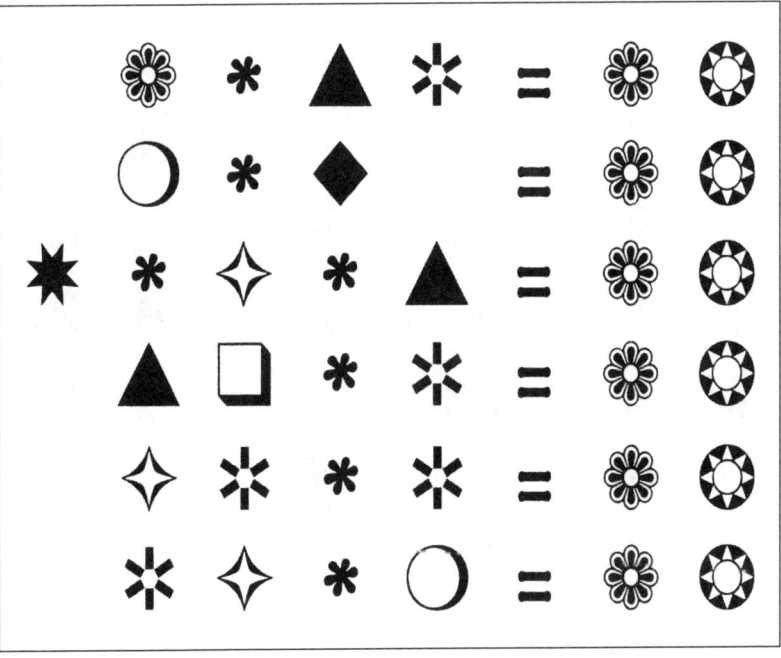

ALLES ÜBER KODEKNACKER

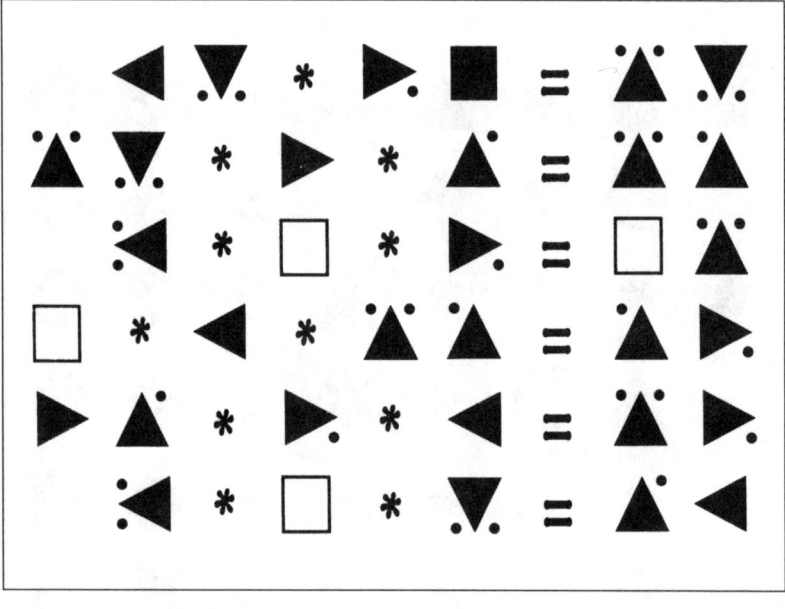

Kodeknacker gehören zu den schwierigsten Denksportaufgaben in diesem Buch – sie verschaffen aber auch die größten Erfolgserlebnisse. Im Wesentlichen müssen Sie bei diesen Aufgaben dasselbe tun, was ein Dekodierungsexperte beim Militär macht: verschlüsselte Informationen in eine verständliche Botschaft übersetzen.

Unsere Kodeknacker bestehen aus Reihen merkwürdig aussehender Symbole, die Sie in Zahlen und zum Teil auch in algebraische Zeichen wie „+" und „-" übertragen müssen. Die Aufgabe besteht darin, eine Gleichung aufzustellen, die aufgeht. Zum Beispiel: ✳ + ✿ = ♥.

Für die Lösung dieser Gleichung kommen viele Möglichkeiten infrage. ✳ könnte 3 sein, ✿ 4 und ♥ 7. Aber nehmen wir einmal an, die nächste Zeile sieht folgendermaßen aus: ✳ × ✿ = ♠.

Wenn Sie diese zweite Zeile vor sich sehen, wissen Sie sofort, dass die für die ersten beiden Symbole eingesetzten Zahlen falsch sein müssen, da 3 x 4 eine zweistellige Zahl, nämlich 12, ergäbe, während nur ein einziges Symbol auf der rechten Seite der Gleichung steht. Also wissen Sie, dass die für ✳ und ✿ eingesetzten Zahlen multipliziert 9 oder weniger ergeben müssen. Sie wissen, dass für keines der Symbole 0 eingesetzt werden kann, da sich sonst eines der in der ersten Zeile vorkommenden Symbole auf der rechten Seite der Gleichung wiederholen müsste – jede Zahl ergibt mit 0 addiert dieselbe Zahl. (Auch bei der zweiten Zeile ist 0 ausgeschlossen; wir überlassen es Ihnen, den Grund dafür herauszufinden.) Auch die 1 ist bei der zweiten Zeile ausgeschlossen, da jede mit 1 multiplizierte Zahl dieselbe Zahl ergibt, so dass eines der auf der linken Seite der Gleichung stehenden Symbole in diesem Fall ebenfalls auf der rechten Seite auftauchen würde.

Also könnten die beiden Symbole 2 und 4, 2 und 3, 4 und 2 oder 3 und 2 sein. Aber welche der vier Möglichkeiten ist die *richtige*? Die dritte Zeile führt zur Lösung: ♠ − ✳ = ✳.

Zusammen mit den anderen beiden Zeilen hilft Ihnen das, die 4 als die durch ✳ kodierte Zahl zu bestimmen. Daraus ergibt sich die Zahl 2 für ✿, die 6 für ♥ und die 8 für ♠.

In diesem Beispiel haben Sie einige gemeinsame grundlegende Regeln von Kodeknackern kennen gelernt. Ein Symbol kann jede positive Zahl zwischen 0 und 9 verschlüsseln. Ein einziges Symbol kodiert jeweils eine einzige Zahl. Zwei nebeneinander stehende Symbole verschlüsseln eine zweistellige Zahl. Jedes in einem Kodeknacker-Rätsel vorkommende Symbol hat innerhalb dieses Rätsels stets denselben Wert.

Sie haben auch ein Gefühl dafür bekommen, was Kodeknacker so spannend macht. Fast jede Zeile hat für sich selbst genommen mehrere Lösungsmöglichkeiten. Alle Zeilen zusammengenommen jedoch lassen nur eine einzige Lösung für jedes einzelne Symbol zu. Ein Kodeknacker-Rätsel ist eine sorgfältig vernetzte und sich perfekt zusammenfügende Einheit; wenn Sie in irgendeiner Zeile einen falschen Wert einsetzen, bricht die gesamte Struktur wie ein Kartenhaus zusammen.

Die Kodeknacker, die Ihnen größere Schwierigkeiten bereiten können, sind diejenigen, bei denen Sie zusätzlich zu den Zahlenwerten algebraische Zeichen entschlüsseln müssen. Zum Beispiel: ✲ * ● ● = ✲ ✲.

Nehmen wir einmal an, wir sagen Ihnen, dass der Wert von ✲ 3 ist. Auch ohne diesen Hinweis können Sie *minus* oder *geteilt* aus offensichtlichen Gründen als Zeichen für * ausschließen. Sie können auch *plus* ausschließen, was Sie feststellen werden, wenn Sie probehalber irgendeinen Zahlenwert für die beiden Symbole ✲ und ● einsetzen. Also bleibt nur noch *mal* übrig und der durch ● verschlüsselte Zahlenwert muss 1 sein. Mithilfe unseres Hinweises können Sie die Zeile wie folgt dechiffrieren: 3 x 11 = 33. Nehmen wir weiterhin an, die nächste Zeile sieht folgendermaßen aus: ● ✿ * ✲ = ▲.

Sofort können Sie *plus* und *mal* für das algebraische Zeichen ausschließen und beginnen, die Lösungsmöglichkeiten für die anderen Symbole einzugrenzen. Weitere Zeilen helfen Ihnen, einige dieser Lösungsmöglichkeiten auszuschließen und schließlich den Kode zu knacken.

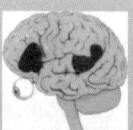

Wissenswertes

Sprachfähigkeiten, die auf einem guten Wortschatz beruhen, sind ein Teil der Intelligenz, der mit dem Alter in der Regel besser wird. Manche andere Aspekte, insbesondere solche Fertigkeiten, die schnelle Berechnungen oder die Ausschaltung unwichtiger Details verlangen, werden oft mit dem Alter schlechter. Doch beide Aspekte der Intelligenz kann man durch Übung bewahren und auch verbessern – zum Beispiel mit Hilfe von Kreuzworträtseln oder mit Übungen wie in diesem Buch.

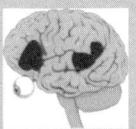

Wissenswertes

Eine Studie von Zook und Dwyer hat gezeigt, dass sich das Niveau der Fähigkeiten der rechten Gehirnhälfte in allen Kulturen ähnlich entwickelt, unabhängig von der Schulbildung. Die Entwicklung der Fähigkeiten der linken Gehirnhälfte aber ist durch fehlende Bildungsmöglichkeiten behindert.

KODEKNACKER 1

Jedes Symbol in diesem Kodeknacker-Rätsel steht für eine Ziffer, und zwar jeweils dieselbe. Hier ein Hinweis zur vorteilhaftesten Vorgehensweise: In der ersten Zeile erfahren Sie den Wert von ❊. In der dritten Zeile erhalten Sie den Wert von ✳, und damit in der fünften Zeile den Wert von ✶.

Starthilfe: ❖ = 4; ❊ = 2; ✶ = 6

Experte

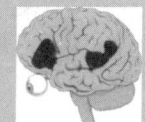

Wissenswertes

Wenn es stimmt, dass die jeweiligen Stärken der beiden Hemisphären grundlegend verschiedene Arten des Denkens bzw. der Informationsverarbeitung widerspiegeln, dann hat sich die Asymmetrie unserer Hirnhälften vielleicht deshalb herausgebildet, weil die unterschiedlichen Arten der Informationsverarbeitung einander behindern könnten, wenn sie in der gleichen Hemisphäre lokalisiert wären. So argumentiert der Wissenschaftler Jerre Levy.

HILFESTELLUNG: Die Lösung für die dritte Zeile vom Ende ist
42 + 26 = 68

KODEKNACKER 2

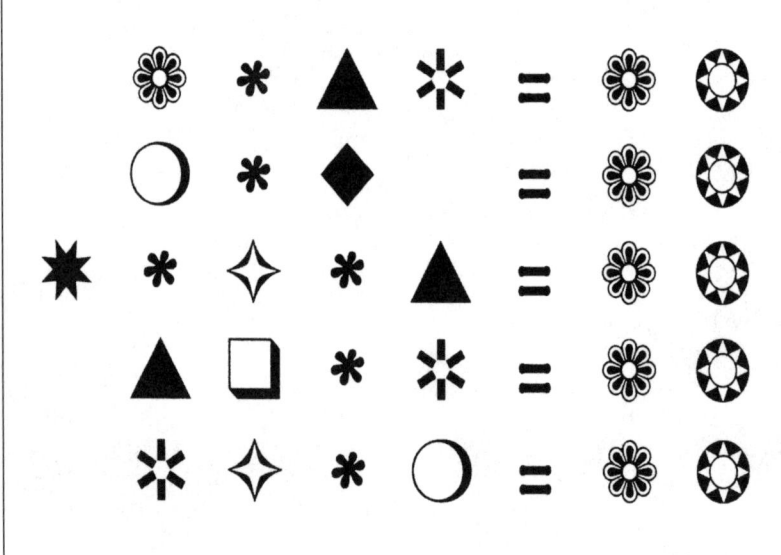

Jedes Symbol steht für eine Ziffer, und zwar jeweils für dieselbe. Das Stern-chen kodiert ein algebraisches Zeichen, aber nicht unbedingt in jeder Glei-chung dasselbe.

Starthilfe: ✳ = 2; ❀ = 3.

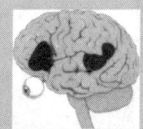

Wissenswertes

Eine einseitige Hirnschädigung kann das Symptom des so genannten *Neglect* (Vernachlässigung) verursachen. Sind die für die Verarbeitung visueller Eindrücke verantwortlichen Regionen der rechten Hemisphä-re geschädigt, ist der Betroffene unter Umständen nicht im Stande, et-was zu sehen, was sich im (mit der rechten Hirnhälfte verbundenen) linken Gesichtsfeld befindet. Die Augen arbeiten völlig normal und sen-den alle Eindrücke zu den primären Sehzentren in der Hinterhauptlap-penregion, aber das Gehirn kann die eingehenden Eindrücke von dort aus nicht richtig weiterverarbeiten. Also würden die Informationen zwar in das Gehirn gelangen, aber man würde sie nicht bewusst wahr-nehmen. Aus irgendwelchen Gründen führen Schädigungen der Seh-zentren der linken Hemisphäre selten zum *Neglect*.

HILFESTELLUNG: Die Lösung von Zeile 1 lautet: 3 x 12 = 36.

KODEKNACKER 3

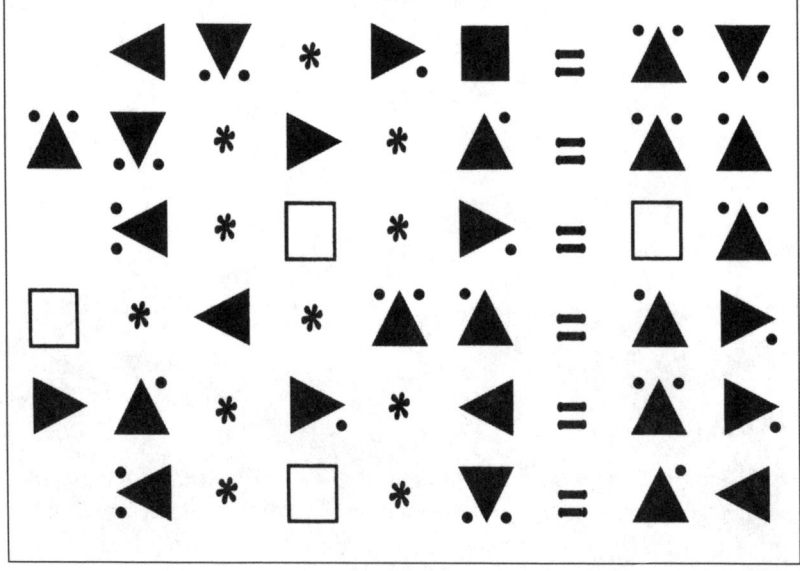

Jedes Symbol steht für eine Ziffer, und zwar jeweils dieselbe. Das Sternchen repräsentiert ein algebraisches Zeichen, aber nicht unbedingt in jeder Gleichung dasselbe. Einige Vorschläge zur Vorgehensweise: Die in der Starthilfe vorgegebenen Zahlenwerte der ersten Zeile helfen Ihnen bei der Eingrenzung der Lösungsmöglichkeiten der nicht dechiffrierten Werte dieser Zeile. Die zweite Zeile hilft Ihnen bei der Lösung der ersten Zeile, und die dritte Zeile bestätigt Ihre Lösung. – Übrigens: In einer Zeile müssen Sie Klammern setzen.

Starthilfe: □ = 9; ■ = 0; ◤ = 1; ▼ = 2; ▲ = 3; ▲ = 5.

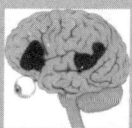

Wissenswertes

Die aktivere Hemisphäre ist stärker durchblutet. Also ist die Temperatur Ihres Ohres auf dieser Seite Ihres Kopfes niedriger. Der australische Neurowissenschaftler Jack Pettigrew hat allerdings herausgefunden, dass die gegenüberliegende Hemisphäre aktiviert wird, wenn man Eiswasser in ein Ohr gießt. (Versuchen Sie das nicht selbst – Sie brauchen dafür professionelle ärztliche Aufsicht.)

HILFESTELLUNG: Die Lösung für die zweite Zeile lautet:
$12 + 6 - 3 = 15$.

KODEKNACKER 4

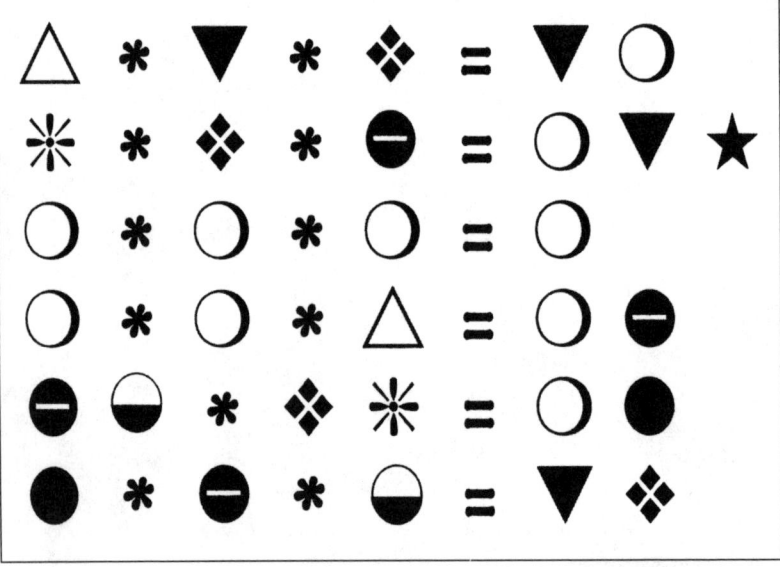

Jedes Symbol steht für eine Ziffer, und zwar jeweils für die gleiche. Das Sternchen repräsentiert ein algebraisches Zeichen, aber nicht unbedingt in jeder Gleichung dasselbe. Wenn Sie die Zeilen 1, 4, 5 und 6 im Zusammenhang betrachten, finden Sie die Lösungen für die darin enthaltenen Zeichen. Der Rest ergibt sich dann fast von allein. – Übrigens: In einer Zeile müssen Sie Klammern setzen; sie helfen Ihnen, die Lösungsmöglichkeiten für Symbole in anderen Zeilen einzugrenzen.

Experte

Starthilfe: ▼ = 2; ● = 3; ○ = 1.

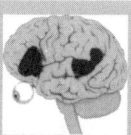

Wissenswertes

Sie können die Fähigkeiten Ihrer linken bzw. Ihrer rechten Hemisphäre aktivieren, indem Sie einfach nach rechts bzw. nach links schauen. Marcel Kinsbourne von der Tufts University hat herausgefunden, dass Versuchspersonen bei Tests des sprachlichen Erinnerungsvermögens besser abschnitten, wenn sie nach rechts schauten, was ihre linke Hemisphäre stimulierte. Steve Levick, ein Psychiater der University of Pennsylvania, führte ein ähnliches Experiment mithilfe von speziellen Kontaktlinsen durch, die jeweils eine Hälfte des Gesichtsfeldes abschirmten. Wurde die (mit der linken Hemisphäre verbundene) rechte Hälfte des Sehfeldes offen gelassen, erzielten die Versuchspersonen bessere Ergebnisse bei Wortanalogie-Tests (z.B.: „Hammer verhält sich zu Werkzeug wie Tulpe zu …".) Ließ man hingegen die linke Hälfte des Gesichtsfeldes (die die rechte Hirnhälfte stimuliert) offen, schnitten die Probanden besser bei Aufgaben zur Erkennung von Mustern und Strukturen ab.

HILFESTELLUNG: Die Lösung der zweiten Zeile lautet: 4 x 5 x 6 = 120.

KODEKNACKER 5

Jedes Symbol steht für eine Ziffer, und zwar immer für dieselbe. Das Sternchen repräsentiert ein algebraisches Zeichen, aber nicht unbedingt in jeder Gleichung dasselbe. Das Pluszeichen in der ersten Zeile gibt Ihnen eine Starthilfe. Ratschlag für eine effektive Vorgehensweise: Zeile 1 wird Ihnen die mit ▲ kodierte Zahl entschlüsseln. Wenn Sie diesen Wert herausgefunden haben, können Sie das algebraische Zeichen in Zeile 5 erschließen und von dort aus weiter vorgehen.

Starthilfe: ✳ = 0; ✳ = 7.

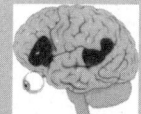

Wissenswertes

Die Gehirnforscher Norman Geschwind und Albert Galaburda haben die Theorie aufgestellt, dass die Rechts- beziehungsweise Linkshändigkeit von Menschen hormonell bedingt sei. Ein erhöhter Testosteronspiegel im Mutterleib verlangsamt die Entwicklung der linken Hemisphäre des Embryos und beschleunigt gleichzeitig die Herausbildung der rechten Hirnhälfte. Sowohl männliche als auch weibliche Föten sind dem Hormon Testosteron ausgesetzt, männliche jedoch stärker als weibliche. Also gibt es mehr männliche Linkshänder, die zudem über ausgeprägtere von der rechten Hemisphäre kontrollierte Fähigkeiten verfügen, wie beispielsweise das räumliche Vorstellungsvermögen. Da das Testosteron auch das Immunsystem schädigen kann, leiden im Allgemeinen mehr Jungen und mehr Linkshänder(innen) unter Störungen des Immunsystems, wie zum Beispiel Allergien und Asthma.

HILFESTELLUNG: Die Lösung der ersten Zeile lautet: 8 + 9 = 17.

AUFLÖSUNGEN

ZAHLENRÄTSEL

```
        1
    3   4   3
  5 2   6   2 5
    1   4   4
        1
```

Zahlenrätsel 1, Seite 30

```
                4
            2   8
        1   4   4
      1 7   2   8
    3 6 5   4   4
```

Zahlenrätsel 2, Seite 32

Zahlenrätsel 3, Seite 34

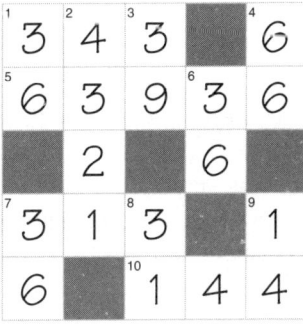

Zahlenrätsel 4, Seite 36

Zahlenrätsel 5, Seite 38

Auflösungen

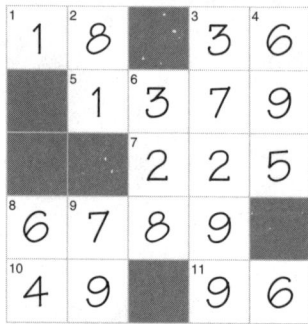

Zahlenrätsel 6, Seite 40

Zahlenrätsel 7, Seite 42

PAAR-ZUSAMMENSTELLUNGEN

Die vorwiegend von der linken Hemisphäre gesteuerten paarweisen Zusammenstellungen gehören alle jeweils derselben Kategorie an oder erfüllen eine verwandte Funktion. Die vor allem von der rechten Hirnhälfte kontrollierten Paarkombinationen beruhen auf visuellen Ähnlichkeiten, Metaphern oder Wortspielen.

Vorwiegend von der linken Hemisphäre gesteuerte Paar-Zusammenstellungen:
Pilz – Sauciere
wütender Mann – Einstein
Hut – Schuh
Teekessel – Teetasse
Glühbirne – Lampe

Vorwiegend von der rechten Hemisphäre gesteuerte Paar-Zusammenstellungen:
Pilz – Lampe
wütender Mann – Teekessel
Hut – Teetasse
Schuh – Sauciere
Glühbirne – Einstein

Paar-Zusammenstellung 1, Seite 50

Vorwiegend von der linken Hemisphäre gesteuerte Paar-Zusammenstellungen:
dickes Gesicht – angsterfülltes Gesicht
VW – Cadillac
Dinosaurier – Hahn
Gebäckschnecke – Käsekuchen
Käfer – Schnecke

Vorwiegend von der rechten Hemisphäre gesteuerte Paar-Zusammenstellungen:
dickes Gesicht – Käsekuchen
VW – Käfer
Gebäckschnecke – Schnecke
angsterfülltes Gesicht – Hahn
Dinosaurier – Cadillac

Paar-Zusammenstellung 2, Seite 52

220

Auflösungen

Vorwiegend von der linken Hemisphäre gesteuerte Paar-Zusammenstellungen:
Schiff – Boje
Krone – Zylinder
Baseball – Junge
Kamel – Löwe
Seife – Blasen
Schornstein – Fabrikschornstein
Torte – Gabel

Vorwiegend von der rechten Hemisphäre gesteuerte Paar-Zusammenstellungen:
Schiff – Kamel
Krone – Löwe
Baseball – Blasen
Boje – Junge
Zylinder – Schornstein
Gabel – Fabrikschornstein
(Stück) Torte – (Stück) Seife

Paar-Zusammenstellung 3,
Seite 54

Vorwiegend von der linken Hemisphäre gesteuerte Paar-Zusammenstellungen:
Regenwolke – Tornado
Sonnenschirm – Sonne
Käfer – Schnecke
Kreisel – lärmende Kinder
Iglu – Haus
Melone – Käppi
weinende Frau – glücklicher Mann

Vorwiegend von der rechten Hemisphäre gesteuerte Paar-Zusammenstellungen:
Regenwolke – weinende Frau
Sonnenschirm – Käppi
Kreisel – Tornado
Iglu – Melone
Sonne – glücklicher Mann
Käfer – lärmende Kinder
Schnecke – Haus

Paar-Zusammenstellung 4,
Seite 56

Paar-Zusammenstellung von
Sprichwörtern, Seite 58

Sprichwörter mit gleicher Bedeutung:

2, 17
3, 11, 20
4, 6, 13, 16
9, 25
12, 15
19, 23, 26

Sprichwörter mit entgegengesetzter Bedeutung:

1 – 14
3 – 11
4, 6, 13, 16 – 12, 15
5 – 19, 23, 26
7 – 22
18 – 20
21 – 24

LOGISCHE DENKSPORTAUFGABEN FÜR DEN ALLTAG

Logische Denksportaufgabe 1,
Seite 67

Betty hatte fünf Kostüme und zog jeden Werktag ein neues an. Die neuen Schuhe trug sie jeden vierten Tag. Also trug sie die Kleidungsstücke am Montag der fünften Woche (d.h. nach 21 Tagen) wieder in derselben Kombination.

Logische Denksportaufgabe 2,
Seite 69

Die fünf Männer fingen insgesamt 75 Fische. Harry angelte 15 Fische (die Hälfte der 30 von Jim gefangenen), was 20 Prozent des gesamten Fangs war.

Logische Denksportaufgabe 3,
Seite 71

35 Dollar und fünf Dollar zusammenzuzählen hat keinen Sinn. Dick hat 45 Dollar für die beiden Gerichte bezahlt, von denen der Kassierer 30 Dollar hat; Dick hat ihm 10 Dollar zurückgegeben; und der Kellner hat 5 Dollar.

Logische Denksportaufgabe 4,
Seite 73

Mr. Clever nahm eine Orange aus der Kiste mit der Aufschrift „Orangen und Grapefruits". Da *alle* Kisten falsch beschriftet waren, wusste er, dass die Kiste, aus der er sie gezogen hatte, nur Orangen enthielt. Dann beschriftete er die Kiste mit der Aufschrift „Orangen und Grapefruits" neu und tauschte die Aufschriften auf den anderen beiden Kisten aus.

Logische Denksportaufgabe 5,
Seite 74

Die Liste der ersten beiden Wahlkandidaten der Männer sieht folgendermaßen aus:
Tom: Mr. Clever oder Mr. Mies
Dick: Mr. Besser oder Mr. Mies
Harry: Mr. Besser oder Mr. Klug
Jim: Mr. Besser, Mr. Klug oder Mr. Mies
Tom tippte richtig – er wählte Mr. Clever. Wäre einer der anderen drei Kandidaten eingestellt worden, hätten ihn mehr als eine einzige Person gewählt.

ADDITIONS-ZAHLENRÄTSEL

Additions-Zahlenrätsel 1, Seite 84

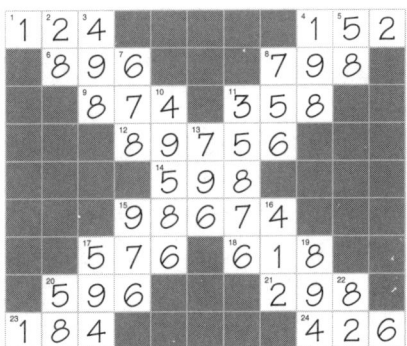

Additions-Zahlenrätsel 2, Seite 86

Additions-Zahlenrätsel 3, Seite 88

[1]6	[2]7	8	9	■	[3]8	[4]9
[5]3	5	■	■	[6]6	9	3
■	[7]9	[8]3	4	7	■	7
4	■	■	[10]2	9	■	5
8	■	[11]4	1	5	[12]3	■
[13]7	[14]2	9	■	■	[15]8	[16]5
[17]9	5	■	[18]9	8	1	7

Additions-Zahlenrätsel 4, Seite 90

[1]1	2	[3]4	■	[4]1	[5]3	4
■	[6]4	8	[7]1	5	2	■
[8]6	■	■	[9]7	8	6	[10]4
[11]7	[12]8	■	5	■	■	8
[13]8	7	5	[14]6	■	[15]5	6
■	[16]3	6	4	[17]7	8	■
[18]3	6	8	■	[19]8	6	4

Additions-Zahlenrätsel 5, Seite 92

[1]8	6	[2]4	[3]9	■	[4]8	[5]7
9	■	[6]6	7	[7]9	■	8
■	[8]6	9	■	[9]5	[10]8	9
[11]4	9	■	■	■	[12]9	5
[13]7	5	[14]3	■	[15]6	7	■
8	■	[16]9	[17]3	7	■	[18]8
[19]9	3	■	[20]7	9	6	5

Additions-Zahlenrätsel 6, Seite 94

Additions-Zahlenrätsel 7, Seite 96

Additions-Zahlenrätsel 8, Seite 98

Additions-Zahlenrätsel 9, Seite 100

Additions-Zahlenrätsel 10, Seite 102

Additions-Zahlenrätsel 11, Seite 104

Additions-Zahlenrätsel 12, Seite 106

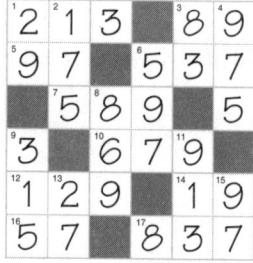

Additions-Zahlenrätsel 13, Seite 108

DAS VON DER LINKEN HEMISPHÄRE KONTROLLIERTE ERINNERUNGSVERMÖGEN

Im Folgenden finden Sie die „unmöglichen" Formen abgebildet:

Gedächtnistraining 4, Seite 122

Gedächtnistraining 5, Seite 124

ZAHLENREIHEN

(es werden jeweils die beiden benachbarten Zahlen addiert:

$1 + 1 = 2$
$1 + 2 = 3$
$2 + 3 = 5$
$5 + 8 = 13$ etc.)

Zahlenreihe 1, Seite 136

1	1	2	3
5	8	13	21
34	55	89	144

Man addiert zu jeder Zahl die um 1 kleinere Zahl (z.B. zur 8 die 7) und arbeitet mit der letzten Ziffer der Summe weiter. Für die erste Reihe ergibt sich somit:

$8 + 7 = 15 \rightarrow 5$
$5 + 4 = 9$
$9 + 8 = 17 \rightarrow 7$

Für die letzte Reihe gilt:
$1 + 0 = 1$ an allen 4 Positionen)

Zahlenreihe 2, Seite 138

8	5	9	7
4	7	3	5
2	3	5	9
1	1	1	1

$A - B = C$
z.B. $31 - 6 = 25$

Zahlenreihe 3, Seite 140

[A]	B	[C]		
3	1	6	2	5
4	2	7	3	5
5	3	9	4	4
6	9	7	6	2
7	8	5	7	3

A	B	C
108	356	124
196	780	292
284	648	182

$(B - A) : 2 = C$
z. B. $(356 - 108) : 2$
$= 248 : 2$
$= 124$

Zahlenreihe 4, Seite 142

A	B	C	D	E
6	4	8	6	4
9	3	52	24	64
16	5	66	7	52

$E = (C + D) - (A + B)$
z. B. $(8 + 6) - (6 + 4)$
$= 14 - 10 = 4$

Zahlenreihe 5, Seite 144

A	B	C	D	E
3	9	2	5	4
4	3	8	9	6
7	2	7	9	8
5	5	3	7	5
6	3	4	7	2

$A \times B \times C = (DE)$
z. B. $4 \times 3 \times 8 = 12 \times 8 = 96$

Zahlenreihe 6, Seite 146

(A x B) – C = 25
z.B. (3 x 9) – 2 = 27 – 2 = 25

A	B	C
8	4	7
3	9	2
7	5	10
5	6	5

Zahlenreihe 7, Seite 148

KNIFFLIGE PROBLEME

Kniffliges Problem 1,
Seite 158

Die Chancen sind etwa gleich. Die meisten Leute halten die Wahrscheinlichkeit, dass es sich um eine handwerkliche Klasse handelt, für größer, da der handwerkliche Unterricht im Allgemeinen von mehr Jungen besucht wird und in der fraglichen Klasse mehr Jungen sind. Beachten Sie jedoch, dass 55 % (der prozentuale Anteil der Jungen in der Klasse) in der Mitte zwischen 45 % und 65 % liegen (der Prozentsatz der männlichen Schüler in Hauswirtschaftslehre und handwerklichem Unterricht im Allgemeinen), was bedeutet, dass die Wahrscheinlichkeit gleich groß ist.

Kniffliges Problem 2,
Seite 160

Es sind etwa 72 Familien – die gleiche Zahl – mit der Reihenfolge MJMMMM. Sie werden vielleicht meinen, dass die Wahrscheinlichkeit, dass fünf Mädchen und ein Junge in einer Familie geboren werden, geringer sei als die Chance der Geburt einer gleichen Anzahl von Mädchen und Jungen – und das ist richtig. Aber das ist nicht die Frage. Die Frage betrifft die spezifische Reihenfolge der Geburten. So wie bei Lottozahlen ist die Wahrscheinlichkeit des Auftretens jeder beliebigen Reihenfolge gleich groß.

Die gleichmäßige Zuteilung – vier Süßkartoffeln für jede Familie – ist wahrscheinlicher als die anscheinend eher zufällige Portionierung. Damit Sie erkennen, weshalb das so ist, stellen Sie sich eine ähnliche Situation vor, aber mit zwei betroffenen Familien, und nehmen Sie eine extremere Version der etwas ungleichen Zuteilung von 4 – 3 – 5 – 4 – 4. Stellen Sie sich das Resultat des logischen Extrems einer ungleichen Aufteilung zwischen zwei Familien – 20 Süßkartoffeln für die eine und keine Kartoffel(n) für die andere Familie – im Vergleich zu einer gleichmäßigen Portionierung – jeweils 10 Süßkartoffeln für jede Familie – vor. Nehmen Sie weiterhin an, dass die Prozedur der Aufteilung folgendermaßen abläuft: Teilen Sie einer Familie nach Belieben eine oder keine Süßkartoffel zu, dann der anderen Familie eine oder keine Süßkartoffel, dann wieder der ersten Familie eine oder keine, dann der zweiten eine oder keine, und so weiter, bis der Vorrat an Süßkartoffeln aufgebraucht ist. Wenn das Problem in dieser Form präsentiert wird, wird Ihnen schnell klar, dass die Wahrscheinlichkeit, dass eine der beiden Familien alle Süßkartoffeln erhält, im Verhältnis zu einer gleichmäßigen Aufteilung wirklich sehr gering ist.

Kniffliges Problem 3,
Seite 162

Der Grund dafür, dass zufällig erscheinende Zahlenreihen häufiger erraten werden, ist der, dass die Leute erwarten, dass eine zufällig gewählte Zahlenfolge zufällig *erscheint*. Also sagt die scheinbar bessere Fähigkeit der Zuhörer, einige Zahlenreihen eher zu erraten als andere, mehr über Alltagspsychologie aus als über parapsychologische Phänomene (wie z. B. übersinnliche Wahrnehmung).

Kniffliges Problem 4,
Seite 164

Kniffliges Problem 5,
Seite 166

Die Mutter entscheidet sich natürlich dafür, ihr Kind im kleineren Krankenhaus in Bandlapur zur Welt zu bringen. Aber sie verschwendet ihre Zeit mit der längeren Reise. Im Krankenhaus in Bandlapur gibt es einzig aus dem Grund mehr Tage pro Jahr, an denen mindestens 60 Prozent der Neugeborenen Jungen sind, weil es kleiner ist. Bei einer kleineren Gesamtzahl sind Abweichungen vom Durchschnitt wahrscheinlicher.

RECHENSPIELE

$$(11 \times 1) - 1 = 10$$
$$(2 \times 2 \times 2) + 2 = 10$$
$$(3 \times 3 \times 3 + 3) : 3 = 10$$
$$(4 \times 4 \times 4) : \sqrt{4} = 10$$
$$5 + 5 = 10$$
$$[(6 + 6) \times 6 - (6 + 6)] : 6 = 10$$
$$[(7 \times 7) + (7 + 7 + 7)] : 7 = 10$$
$$[(8 \times 8) + (8 + 8)] : 8 = 10$$
$$(9 \times 9 + 9) : 9 = 10$$

Rechenspiel 1, Seite 174

$$(7 + 7) : (7 + 7) = 1$$
$$(7 : 7) + (7 : 7) = 2$$
$$(7 + 7 + 7) : 7 = 3$$
$$[(7 \times 7) - 7] : 7 = 6$$
$$[(7 \times 7) + 7] : 7 = 8$$
$$7 + 7 - (7 : 7) = 13$$
$$(7 : 7) + 7 + 7 = 15$$
$$(7 \times 7) - (7 : 7) = 48$$
$$7 \times 7 + 7 - 7 = 49$$
$$[7 + (7 : 7] \times 7 = 56$$

Rechenspiel 2, Seite 176

$$2 + 2 - 2 - 2 = 0$$
$$(2 : 2) \times (2 : 2) = 1$$
$$2 : 2 + (2 : 2) = 2$$
$$(2 + 2 + 2) : 2 = 3$$
$$2 + 2 + 2 - 2 = 4$$
$$(2 : 2) + 2 + 2 = 5$$
$$(2 \times 2 \times 2) - 2 = 6$$
$$[(2 : 0{,}2) : 2] + 2 = 7$$
$$(2 \times 2 \times 2) + 2 = 10$$
$$(2 + 2 + 2) \times 2 = 12$$

Rechenspiel 3, Seite 178

$$(3 + 3 + 3) : 3 = 3$$
$$[(3 \times 3) + 3] : 3 = 4$$
$$(3 + 3) - (3 : 3) = 5$$
$$3 + 3 + 3 - 3 = 6$$
$$(3 : 3) + 3 + 3 = 7$$
$$(3 \times 3) - (3 : 3) = 8$$
$$(3 \times 3) + 3 - 3 = 9$$
$$(3 \times 3) + (3 : 3) = 10$$

Rechenspiel 4, Seite 180

$$(4 + 4) : (4 + 4) = 1$$
$$(4 \times 4) : (4 + 4) = 2$$
$$(4 + 4 + 4) : 4 = 3$$
$$(4 \times 4) : (\sqrt{4} + \sqrt{4}) = 4$$
$$[(4 \times 4) + 4] : 4 = 5$$
$$[(4 \times 4) - 4] : \sqrt{4} = 6$$
$$(4 + \sqrt{4}) - (4 : 4) = 7$$
$$(4 \times 4) - (4 + 4) = 8$$
$$(4 \times \sqrt{4}) + (4 : 4) = 9$$
$$(4 \times \sqrt{4}) + 4 - \sqrt{4} = 10$$

Rechenspiel 5, Seite 182

Auflösungen

MAGISCHE QUADRATE

4	4	4
4	■	4
4	4	4

= 32

3	6	3
6	■	6
3	6	3

= 36

5	2	5
2	■	2
5	2	5

= 28

2	8	2
8	■	8
2	8	2

= 40

Magisches Quadrat 1,
Seite 190

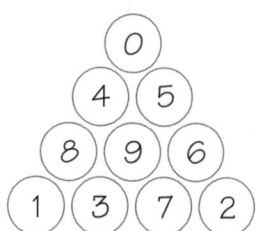

Magisches Quadrat 2, Seite 192

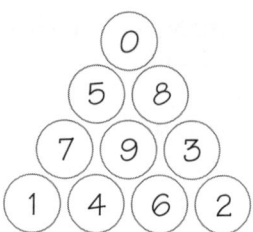

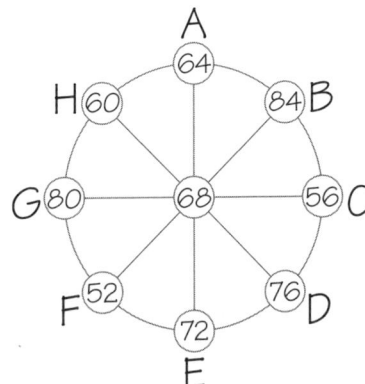

Magisches Quadrat 3, Seite 194

15	6	9	4
10	3	16	5
8	13	2	11
1	12	7	14

Magisches Quadrat 4, Seite 196

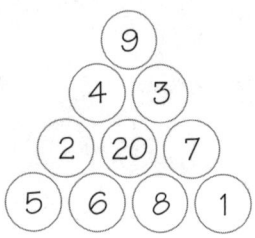

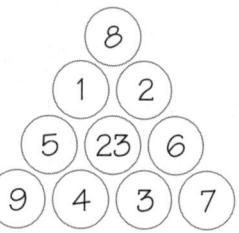

Magisches Quadrat 5, Seite 198

KODEKNACKER

$$2 + 0 = 2$$
$$4 + 2 = 6$$
$$6 + 4 = 1\,0$$
$$1\,0 + 6 = 1\,6$$
$$1\,6 + 1\,0 = 2\,6$$
$$2\,6 + 1\,6 = 4\,2$$
$$4\,2 + 2\,6 = 6\,8$$
$$6\,8 + 4\,2 = 1\,1\,0$$
Kodeknacker 1, Seite 206
$$1\,1\,0 + 6\,8 = 1\,7\,8$$

$$3 \times 1\,2 = 3\,6$$
$$9 \times 4 = 3\,6$$
$$5 \times 7 + 1 = 3\,6$$
$$1\,8 \times 2 = 3\,6$$
Kodeknacker 2, Seite 208
$$2\,7 + 9 = 3\,6$$

$$8\,2 - 7\,0 = 1\,2$$
$$1\,2 + 6 - 3 = 1\,5$$
$$(4 + 9)\,x\,7 = 9\,1$$
$$9\,x\,8 - 1\,5 = 5\,7$$
$$6\,3 : 7 + 8 = 1\,7$$

Kodeknacker 3, Seite 210 $\qquad 4\,x\,9 + 2 = 3\,8$

$$8\,x\,2 + 5 = 2\,1$$
$$4\,x\,5\,x\,6 = 1\,2\,0$$
$$1 + 1 - 1 = 1$$
$$(1 + 1)\,x\,8 = 1\,6$$
$$6\,7 - 5\,4 = 1\,3$$

Kodeknacker 4, Seite 212 $\qquad 3\,x\,6 + 7 = 2\,5$

$$8 + 9 = 1\,7$$
$$1\,7 - 6 = 1\,1$$
$$6\,x\,5 = 3\,0$$
$$5\,x\,8 = 4\,0$$
$$3\,x\,7 = 2\,1$$
$$2\,x\,7 = 1\,4$$

Kodeknacker 5, Seite 214 $\qquad 9\,x\,5 = 4\,5$

WEITERFÜHRENDE LITERATUR

Damasio, Antonio: *Descartes' Irrtum. Fühlen, Denken und das menschliche Gehirn.* 1998 dtv

Damasio, Antonio: *Ich fühle, also bin ich. Die Entschlüsselung des Bewusstseins.* 2000 List

Dehaene, Stanislas: *Der Zahlensinn oder Warum wir rechnen können.* 1999 Birkhäuser

Edwards, Betty: *Garantiert zeichnen lernen. Die rechte Gehirnhälfte aktivieren – Gestaltungskräfte freisetzen.* 1999 Bechtermünz

Edwards, Betty: *Das neue Garantiert zeichnen lernen.* 2000 Rowohlt

Gazzaniga, Michael S.: *Das erkennende Gehirn.* 1989 Junfermann

Ornstein, Robert E.: *Die Evolution des Bewusstseins, Ursprünge und Perspektiven.* 1996 VAK

Ornstein, Robert E. und David Sobel: *Das Gehirn, Schlüssel zur Gesundheit.* 1995 VAK

Sagan, Carl: *Der Drache in meiner Garage oder Die Kunst der Wissenschaft, Unsinn zu entlarven.* 2000 Droemer Knaur

Schacter, Daniel L.: *Wir sind Erinnerung. Gedächtnis und Persönlichkeit.* 2001 Rowohlt

Squire, Larry und Eric R. Kandel: *Gedächtnis. Die Natur des Erinnerns.* 1999 Spektrum akademischer Verlag

STICHWORTVERZEICHNIS